W0356472

L'AUTONOMIE SPIRITUELLE

Sophie Andrieu

L'AUTONOMIE SPIRITUELLE

Les trois étapes pour vivre la spiritualité au XXIe siècle

ARIANE

L'Autonomie spirituelle – les trois étapes pour vivre la spiritualité au XXIe siècle
Par Sophie Andrieu

1217, av. Bernard O., bureau 101, Outremont, Qc,
Canada H2V 1V7
Téléphone : 514-276-2949, télécopieur : 514-276-4121
Courrier électronique : info@editions-ariane.com
Site Internet : www.editions-ariane.com

Révision : Monique Riendeau
Graphisme et mise en page : Carl Lemyre
Première impression : juin 2018

ISBN : 978-2-89626-466-7

Dépôt légal :
Bibliothèque nationale du Québec, 2018
Bibliothèque nationale du Canada, 2018
Bibliothèque nationale de Paris, 2018

Diffusion
Québec : Flammarion Québec – 514 277-8807
www.flammarion.qc.ca
France et Belgique : D.G. Diffusion – 05.61.000.999
www.dgdiffusion.com
Suisse : Servidis/Transat – 22.960.95.25
www.servidis.ch

Gouvernement du Québec – Programme de crédit d'impôt
Pour l'édition de livres – Gestion SODEC

Nous reconnaissons l'appui [financier]
du gouvernement du Canada.

Canada

Membre de l'ANEL

Imprimé au Canada

Table des matières

Introduction

Ce livre vous est livré par l'*Âme universelle*, grâce à un processus appelé le *channeling*. Cet état d'hyper conscience, plus connue sous le nom de conscience modifiée agit sous la forme d'une hyper-sociabilité, connectivité et créativité qui induit des conversations guérissantes pour celles et ceux qui les reçoivent. Parce que chaque époque laisse apparaître un nouvel outil de haute fréquence vibratoire qui a la capacité de bouleverser nos idées reçues et de nous faire sortir de nos zones de confort, l'autonomie spirituelle est aujourd'hui le nouvel axe pour déployer notre grand potentiel et incarner le sacré de notre humanité. La première étape est l'autonomie psychique, qui consiste à retrouver l'essence de votre identité en réparant la tempête de vos blessures. Puis, légitimé et initié, vous réaliserez et manifesterez le sens de votre vie. Dès lors, une nouvelle identité émergera, l'identité vibratoire, qui est l'alliance de votre âme et de votre personnalité révélant toutes vos qualités humaines universelles. La deuxième étape est l'autonomie énergétique ; vous pratiquerez ici ces énergies du futur dont les nouveaux chakras ou les nouveaux corps subtils appelés corps d'encouragement vous permettront de démultiplier votre taux vibratoire pour contribuer à un monde meilleur. La troisième étape est l'autonomie spirituelle, qui consiste à incarner le bien-être pour tous et devenir les acteurs du Nouveau Monde : l'ère de la bienveillance.

Ce livre est interactif. Au fil des pages, vous serez plongé dans une expérience de lecture enrichie, grâce aux QR codes qui vous donneront accès à des contenus supplémentaires. L'accès à cette plateforme de formation – http://opn.to/a/8Sjk5 – vous permettra de vous immerger dans un univers visuel et de vous mettre en scène grâce à des visualisations créatrices. Vous découvrirez aussi des méditations animées et personnalisées pour vivre une immersion totale. Votre *smartphone* vous donnera immédiatement accès aux contenus, en cours de lecture, où que vous soyez.

À mon fils, Sacha.

– Ose mon amour, ose découvrir le Nouveau Monde –

PRÉAMBULE

L'ère de la bienveillance

Les atomes de notre corps sont traçables aux étoiles qui les ont fabriqués dans leurs noyaux et qui ont fait exploser ces ingrédients enrichis dans notre galaxie il y a des milliards d'années. Pour cette raison, nous sommes biologiquement reliés à tout autre être vivant dans le monde. Nous sommes aussi chimiquement reliés à tout autre être vivant dans le monde et à toutes les molécules de la Terre. Et nous sommes liés atomiquement à tous les atomes de l'univers et littéralement à de la poussière d'étoiles.

– Neil deGrasse Tyson

Nous vivons une aventure spirituelle sans précédent, car nous sommes actuellement au cœur d'une formidable transition entre l'ère de l'accusation et l'ère de la responsabilisation. Cette transition nous éclaire sur la dépendance affective qui a façonné nos vies, faisant de nous des êtres endettés de blessures et de schémas répétitifs. Jusqu'à accuser parfois la génétique ou l'environnement d'être les responsables de nos «mal à dire». De notre éducation à notre profession, de nos amours à nos amis, les autres sont pour la plupart d'entre nous les responsables de nos blessures. C'est l'ère de l'accusation. Puis, simultanément, des précurseurs de sens déclenchent des éveils de conscience. Je me souviens du parrain de mon association, Pierre

Rabhi, pionnier de l'agroécologie, qui, en file de tête, préconise l'ère de la responsabilisation. Sa sagesse visionnaire nous éclaire sur l'union possible de notre âme et de l'intelligence de notre corps qui, ensemble, libèrent notre grand potentiel humain. Pourtant, cette transition a besoin d'un but pour éponger nos schémas récidivants et cesser d'avoir peur.

Et cet objectif que je vous propose d'atteindre est l'ère de la bienveillance.

Tenzin Gyatso, le 14e dalaï-lama disait: « Élargir nos connaissances et améliorer notre perception de la réalité répondent à deux objectifs pour que nous puissions mieux affronter nos émotions troublantes. Au début de ma vie, la science a été utilisée pour favoriser le développement matériel et économique. Plus tard au XXe siècle, les scientifiques ont commencé à voir que la tranquillité d'esprit est importante pour la santé physique et le bien-être. En combinant générosité et intelligence, j'espère que nous serons mieux outillés pour contribuer au bien-être de l'humanité. »

L'ère de la bienveillance est une humeur qui assume tous nos états, de nos défauts à nos qualités, de nos ombres à nos lumières. Cette acceptation scelle l'union de notre âme et de notre personnalité qui, ensemble, déclenchent le plaisir d'être soi.

Mon bel ami Guy Corneau me disait : « Passer à côté de son âme, c'est passer à côté de soi. » Je pense en effet que son message est creusé dans les sillons de nos mains. Et que sa lecture ne peut être ni un signe ni un hasard, mais le courage d'être soi.

Un courage profond est donc nécessaire avant d'entreprendre une introspection sans causer de dommages personnels ou collatéraux. Pour s'éviter de sombres rengaines et maintenir à distance nos blessures itératives, il est indispensable de se souvenir de nos ressources naturelles.

Notre âme est notre ressource initiale. Telle une exploratrice personnelle elle porte une identité appelée identité vibratoire, laquelle rassemble toutes nos qualités humaines universelles. Dont l'instinct, *nos aptitudes innées*, et l'intuition, *notre guide transpersonnel*. Face au danger, notre instinct devient une alerte qui nous apprend à nous protéger et l'intuition nous guide vers la réalisation de nos désirs. Cette identité vibratoire nous implique personnellement dans la création de notre propre réalité. En sous-estimant notre relation à l'univers, nous concentrons nos pensées dans un hémicycle restreint focalisé sur nos besoins personnels qui, insatisfaits, deviennent nos dépendances de demain. Pour nous aider à prendre notre indépendance affective notre âme a alors glissé des alliés à l'intérieur de nous. Ce sont des messagers d'ailleurs nommés « khorlo » en tibétain, « chakras » en sanskrit ou « séphiroth » en hébreu. Ces tremplins nous offrent la chance de concrétiser nos rêves et de contribuer à l'ère de la bienveillance.

Notre deuxième ressource est l'intelligence du corps qui est le messager de nos émotions intimes et de nos sentiments inavoués. Il porte notre psyché, un réservoir mémoriel qui collecte nos expériences et les stocke. De nos archétypes à notre mémoire cellulaire (ADN) notre psyché utilise le subconscient « sous la conscience » comme réceptacle de nos souvenirs. En devenant le créateur d'un entendement précieux entre notre passé et notre présent, notre psyché nous libère de nos automatismes psychologiques. Nous investissons alors une conscience plus élargie qui stimule l'envie irrépressible de vivre. Le corps véhicule aussi notre mental, ce qui nous distingue des autres. Il respire par le prisme de notre inconscient pour émettre notre singularité et nos sentiments.

Notre corps véhicule aussi le soma, « les mystères de chacun », qui utilise le supraconscient pour faire éprouver aux autres nos émotions irrationnelles. Notre corps transmet alors un monde de sensations, mais lorsque notre histoire personnelle a engendré des expériences douloureuses, ces pulsions s'éprouvent et se fixent dans notre corps. Et nous fonctionnons et dialoguons à travers leurs prismes.

En géolocalisant ce patrimoine mal vécu dans notre corps, nous observons alors qu'il a fécondé un réflexe contenant nos humeurs.

Façonnant ainsi un comportement qui, tous les jours du reste de notre vie, porte nos vides ou nos trop-pleins intérieurs. Il est donc indispensable d'accepter notre histoire personnelle avant de nous investir dans le monde ou au sein d'une relation.

Notre troisième ressource est notre personnalité, qui est une force supérieure. En effet, lorsque nous réalisons que nous avons survécu à nos blessures et que nous avons échappé à la mort de nos rêves nous pouvons peut-être alors imaginer que notre vie à une mission précise. Alors, en acceptant d'être né soi et en dédiant notre vie au plaisir d'être soi, de le représenter et de lui donner un sens, nous incarnons alors l'ère de la bienveillance.

ÉTAPE 1 :
L'autonomie psychique

L'être humain est le seul responsable de son destin.
– Bouddha

Le point de départ – le point zéro

Le contenu de cette première étape est issu du channeling *transmis à la fin octobre 2017.*

Pour découvrir notre histoire, il nous faut remonter le temps jusqu'à l'origine de notre première pulsation de vie. C'est là, *in utero*, que se construit notre identité, qui rappelle à l'embryon le destin à bâtir. En nous accouchant naturellement, nos mères éprouvent le « cercle de feu », une sensation de brûlure qui cesse dès notre expulsion. Une sagesse ancestrale amérindienne l'explique par le cercle qui représente le cycle de nos vies antérieures qui tourne autour de l'âme et le feu qui propulse une brûlante lumière d'amour. Le passage aquatique à l'état aérien nous transmet alors l'ensemble de nos qualités d'être énergétique et cosmique. Si notre éducation a privilégié une hérédité spirituelle, l'âme sera inséparable de notre personnalité. Notre âme dévouée consacrera son énergie tout entière à faire de notre enfant un extraordinaire adulte de demain. Née dans l'invisible, notre âme développe sa vitalité dans un sang baigné du goût d'un pays, d'un geste du père et de l'empreinte d'une mère.

Transpirant d'un ailleurs, l'âme est déterminée à s'exprimer, et c'est dans un cri qu'elle éprouve la vie et s'ouvre à l'éveil de la Terre. Nous portons tous en nous la fulgurance du passage de l'embryon devenu humain bercée par l'intensité du Big Bounce. Poussières d'étoiles, nous incarnons dans nos cellules la mémoire de la création de notre planète. De la mécanique quantique à la relativité générale, nous portons dans nos cellules une réalité physique, psychique, sentimentale, émotionnelle et cosmique.

Claude Galien, médecin grec de l'Antiquité et auteur prolifique génial, a démontré dans son encyclopédie –*Galeni opera omnia*– que le thymus relie l'âme au corps. Et que sa métamorphose physiologique varie selon nos cycles psychologiques. À notre naissance, notre thymus pèse 15 grammes. N'ayant pas encore développé notre personnalité, ce poids est celui de notre âme ; c'est l'âge de la matière. À notre puberté, le poids du thymus atteint un pic majeur de 35 grammes. Nous exprimons ou intériorisons alors nos premières crises identitaires ; c'est l'âge de la cohérence. L'involution du thymus entraîne ensuite une diminution de sa masse. Il pèse moins de 15 grammes à 50 ans ; c'est l'âge de la transmutation. L'âme prédomine sur la personnalité, nous permettant ainsi de modifier notre destin ou de réenchanter notre vie. Et il pèse moins de six grammes à 80 ans ; c'est l'âge de la sagesse, lorsque nos regrets sont purgés et que nous ne vivons plus au rythme de notre personnalité mais au rythme de notre âme. Nous tendons alors à retrouver notre état originel, une étincelle de lumière.

Toutefois, notre enfance demeure l'écho de nos dépendances et nous y emmagasinons l'influence des pratiques éducatives parentales. À l'âge conscient, notre libre arbitre permet soit de révolutionner notre destin, soit de mimer nos héritages familiaux. Ce mimétisme parental bien vécu engendre un prolongement des fondations antérieures. Mal vécu, il nous contraint à subir des arrangements indispensables à notre survie.

L'indépendance de la conscience

La folie, c'est de faire toujours la même chose
et de s'attendre à un résultat différent.
– Albert Einstein

La psychiatrie spirituelle nous aide à comprendre le sens de notre vie et permet d'entreprendre un cheminement vers l'indépendance de notre conscience. Le premier pallier est notre conscience intuitive qui est l'équilibre entre le visible et l'invisible. Le visible parle au travers de nos transmetteurs de sensations – nos sens, c'est l'intimité et la vulnérabilité de notre histoire personnelle. L'invisible est l'énergie qui stimule notre quête d'unité. Cette énergie explique la synchronicité, cette force étonnante qui provoque la rencontre d'inconnus unis dans leurs quêtes sentimentales, existentielles ou même vitales. L'invisible a créé ces interventions que le visible peut modifier. En choisissant d'être le porte-parole de sa vie éthique et citoyenne, tel un aventurier spirituel des temps modernes, la conscience intuitive regarde au-delà des habitudes et des consensus sociaux culturels.

Cette conscience quantique est connectée à nos perceptions extrasensorielles, à l'intuition ou à la clairvoyance. Ce rêve lucide circule dans notre corps au travers de nos trois cerveaux : le cerveau dans notre tête, qui contient 100 milliards de neurones ; le cerveau dans notre cœur, qui contient 40 000 neurones maintenant – vous savez donc pourquoi on dit qu'on a pris une décision sur un coup de cœur – ; et le cerveau dans notre ventre, dit cerveau viscéral, qui contient 200 millions de neurones maintenant – vous savez donc pourquoi on dit qu'on a pris une décision avec ses tripes !

Ces trois cerveaux autonomes communiquent et reçoivent la conscience de l'univers, la conscience étant une dilatation de l'amour et de la connaissance.

Nos cerveaux ont besoin de la conscience pour vivre, mais la conscience n'a pas besoin des cerveaux pour vivre ! Aujourd'hui, il est démontré pour les plus matérialistes que la conscience est indépendante des cerveaux et qu'elle survit à la mort physique. Évoquons notamment les cas d'expériences de mort imminente ou le channeling et le chamanisme, ainsi que d'autres phénomènes qui élargissent notre conscience et permettent de nous ouvrir à d'autres réalités.

Éveillée d'un long sommeil lié à l'absence de conscience, notre lucidité apparaît ainsi au plus près de la source de la réalité. En effet, nous sommes tous à l'origine de la création de toutes choses, et évidemment de nos intentions.

Il a été démontré que lorsque des personnes décident de se réunir pour créer une émotion bienveillante, cette émotion est capable d'influencer littéralement le champ magnétique qui maintient la vie sur terre. Notre aventure spirituelle permet alors de rechercher en nous l'harmonie qui est le langage de communication de nos différents cerveaux. Car ce que nous ressentons dans notre corps se reflète au sein de notre environnement, au profit de tous.

Souvenons-nous de l'adage de Descartes « Je pense, donc je suis », qui est connecté uniquement à nos cinq sens et qui nous limite ainsi à la logique ou au déductif, dont les verbes sont uniquement « prouver » et « faire éprouver ». Un concept punitif qui fait face aux émotions, où nous apprenons par nos sentiments et ressentiments, tels que la douleur, la colère, la jalousie. Cette conscience analytique peut donc censurer la conscience intuitive, laquelle est indépendante de la matière.

La spiritualité, c'est avant tout la conscientisation de la matière et la matérialisation de la conscience. Notre scepticisme devient alors le voile principal qui nous montre notre inaptitude à être heureux d'être nés.

Alors, pourquoi associer les bienfaits de la conscience analytique à la conscience intuitive ? Comment déployer cette conscience intuitive au cœur de notre vie ?

Si vous avez envie de découvrir les mystères et les richesses de notre monde en profitant chaque jour d'un accès illimité à tous vos talents, ce qui suit va beaucoup vous intéresser.

Choisir sa transformation

Le plus grand voyageur n'est pas celui qui a fait dix fois le tour du monde, mais celui qui a fait une seule fois le tour de lui-même.

– Gandhi

Votre première exigence spirituelle est de « savoir » plutôt que de croire. La conscience analytique se réfugie derrière nos conditionnements, et c'est là une habitude de la pensée matérialiste « On ne croit que ce que l'on voit » présumant que la matière est l'unique réalité de la vie. En découvrant qu'il existe une autre réalité soutenue par l'univers, qui est la conscience intuitive, vous pourrez apprécier tout autrement la profondeur de votre histoire personnelle grâce à la découverte des blessures du XXIe siècle, qui est la base de la psychologie énergétique héréditaire. Cette première étape vous permettra d'analyser vos attitudes et vos comportements. C'est l'instant vrai et vulnérable ! Car savoir raconter son histoire c'est faire un immense pas dans la connaissance de soi pour attirer la véritable version de soi. Car fédérer vos déclics positifs et négatifs permet d'accepter votre histoire personnelle avant de s'engager dans le monde. Dans le prochain paragraphe, vous allez réaliser votre parcours intime. De vos expériences amoureuses et professionnelles à vos cicatrices émotionnelles et réaliser vos déclics positifs. Vous allez revisiter l'histoire de votre vie et mettre en lumière tout ce qui a fait de vous ce que vous êtes aujourd'hui ! Ce qui amplifiera la confiance en vous. Ainsi doté d'une foi inébranlable et d'une responsabilisation éthique, vous entrerez naturellement dans la conscience intuitive. Mais quelle est la clé de cette énergie interactive ? C'est simplement votre réflexion sur le fait que nous sommes tous liés les uns aux autres et que nous avons un impact sur nos vies réciproques. Une vie très universelle, finalement...

Cette conscience globale nous permet de refléter le monde entier et donc de faire passer un message universel par notre histoire personnelle. En effet, nos récits choraux facilitent le déploiement de cette énergie, tandis que notre conscience analytique divise le nombre de nos histoires personnelles. Car le rôle des personnages que nous jouons sacrifie très souvent la bienveillance de notre monde.

Certains d'entre vous se sentent obligés d'inventer des histoires complexes, à rebondissements, qui vont, l'air de rien, rogner sur le temps de développement d'un bien-être pour tous. La conscience intuitive est un cheminement plus court qui incite à la simplicité, et donc à un meilleur traitement de notre planète. C'est la raison pour laquelle l'intrigue pesante de notre personnalité nous demande de répéter chaque jour nos schémas.

L'intrigue a ses limites, car les autres apprennent à voir votre vie comme on apprend une nouvelle langue. Une fois que l'autre « parle » votre vie couramment, il faut rajouter du vocabulaire, ce qui complexifiera votre histoire. Rapidement, vous n'avez plus de nouveaux mots, vous êtes prisonnier de votre narration et vous tournez en rond !

La question fondamentale que l'on doit se poser, c'est : puis-je imaginer ma vie à la fois intéressante, unique et familière, une vie que les autres voudront suivre dans le temps ?

En effet, notre temps devient trop précieux pour nous lancer dans des aventures aussi longues, alors nous pouvons oser. Oser exister ! Expliquer nos faiblesses et l'épuisement de notre histoire personnelle pour oser aller dans une autre direction que celle qui convient à notre véritable nature, étirer notre vision, c'est risquer de changer. Votre vie est une chose vivante, incontrôlable. Pour le meilleur ou pour le pire, elle devient toujours autre chose que ce que vous espériez.

En tant que *channel*, je dois dire que la relation entre l'énergie et les personnes me frappe de plus en plus. Cette relation est la clé de la survie de notre monde actuel. Une vie dense, fidèle, mobilisée qui participe et multiplie les expériences car on ne doit plus seulement suivre une histoire, mais vivre en elle.

Les blessures du XXIe siècle

Notre société fabrique des modèles archétypaux engendrant des blessures. Les comprendre, c'est apprendre à nous en affranchir.
– L'Âme universelle

Nous sommes sept milliards et demi d'humains à jouer les conséquences de notre éducation. Induits par nos parents ou notre société, nous sommes tous confrontés à l'injustice ou la trahison, l'abandon ou l'humiliation, ou le rejet. Devant ces modèles archétypaux qui provoquent de fortes blessures, nous créons un personnage avec des sentiments et des comportements. Ce personnage a pour rôle de nous protéger, et à force de l'incarner nous développons des habitudes et des attitudes qui deviennent des conditionnements.

Par exemple, blessé par l'abandon notre personnage va développer un comportement de culpabilité du fait d'exister. Car la solitude est l'ennemi de l'enfant qui a vécu l'abandon, et face à cette blessure nous abandonnerons nos partenaires et nos projets de façon précoce, de peur d'être dépendants. Cette culpabilité engendre aussi l'omission de la responsabilité et nous tiendrons toujours l'autre pour responsable de nos manques, de nos peurs ou de nos échecs. En interprétant le rôle de victimes, nous manifestons dans notre vie des persécuteurs ou des sauveurs qui nous obligent à faire face à notre réalité, soit à l'abandon de nos propres dons. Puissant, intuitif et instinctif, notre cœur passionné aime jusqu'à nous abandonner nous-mêmes. Fidèle et créatif, notre charisme est à la hauteur de notre manque éternel : l'amour. En prenant l'initiative de refonder notre vie en étant aux commandes et en remplaçant la solitude par un dialogue positif, nous développons, pleins d'espoir, nos qualités et nos dons jusqu'alors inexploités.

Un autre personnage que nous jouons est celui de l'ignorant, lorsque nous pensons que d'autres nous désapprouvent et nous critiquent. Généralement engendré par la conséquence éducative de l'abus de critiques parentales, ce rôle nous amène à détruire l'estime personnelle qui génère la non-confiance. Nous développons alors une personnalité dépendante qui privilégie l'égoïsme comme mécanisme de défense. Parfois même, nous empruntons un masque de « tyran » pour humilier à notre tour et nous l'utilisons comme bouclier protecteur. L'absence de valeurs engendre une constante infidélité qui, poussée à l'extrême, devient une obsession. Cette peur d'être humilié crée un terreau idéal pour le masochisme. Érudits et perspicaces, au penchant solide pour les belles choses, nous sommes très méticuleux car nous n'avons de cesse de nettoyer les salissures d'un passé qui a terriblement manqué d'amour. Pour nous affranchir de cette blessure, il est nécessaire de créer notre indépendance, d'oser la liberté et la compréhension de nos besoins et de nos peurs pour rétablir nos priorités. Car, en cessant de nous ignorer nous diffusons autour de nous la connaissance nécessaire pour amener les autres à coexister.

Voici un autre personnage dont le comportement est celui de l'individualité. La trahison ou la crainte de faire confiance apparaît lorsqu'enfants nous avons été trahis par un de nos parents, surtout si celui-ci n'a pas rempli ses promesses. La méfiance acquise se transforme en envie et en sentiments négatifs car nous ne nous sentons pas dignes de ce qui a été promis et de ce que les autres ont. Cette souffrance bâtit un personnage manipulateur qui veut tout contrôler et bien contrôler. Par notre fort caractère, nous exerçons une certaine emprise sur les autres.

Cependant, nos erreurs se révèlent dans nos manières d'agir. C'est aussi l'apparition d'une autre blessure profonde : le rejet de l'être intérieur. Influencés par le sentiment de ne pas être désirés, par une disqualification de nous-mêmes, en jouant ce personnage qui craint le rejet nous ne nous sentons pas dignes d'affection ou de compréhension et nous nous isolons dans un vide intérieur de peur d'être rejetés. En incarnant cette réalité douloureuse, nous créons une personnalité insaisissable. Car cette blessure s'appuie sur la trahison et le rejet qui réapparaîtront cycliquement dans notre quotidien. Il est donc nécessaire de relâcher les peurs intérieures pouvant générer des paniques, de prendre soin de soi, d'oser accepter des risques et des décisions pour soi-même, afin de ne plus subir l'éloignement des autres comme un rejet de soi. Il s'agit donc de travailler la patience, la tolérance et le savoir-vivre, d'apprendre à être seul et à déléguer des responsabilités. En développant notre autonomie, nous affirmons notre puissance intérieure dans le but de servir une autre cause que le soi.

Le dernier personnage est celui de l'intolérant. L'injustice résulte d'un environnement dans lequel nos principaux protecteurs ont été froids et autoritaires. Dans l'enfance, une exigence trop importante dépassant les limites génère des sentiments d'impuissance et d'inutilité jusqu'à l'âge adulte.

La conséquence directe sur notre comportement qui en a souffert est la rigidité. Notre personnage tente alors d'être très important pour acquérir une grande puissance. Il est aussi probable que cette injustice crée un fanatisme pour l'ordre et le perfectionnisme, ainsi qu'une incapacité à prendre des décisions en toute confiance. Il est nécessaire de travailler la méfiance et la rigidité mentale, pour s'offrir de la flexibilité et s'autoriser à avoir confiance en l'autre. Notre personnage permet alors d'offrir au monde des solutions de gouvernances idéales, d'encourager les changements nécessaires pour une société saine et bienveillante.

En observant l'impact de ces modèles archétypaux que notre société rejoue constamment, nous constatons combien nos blessures engendrent des blocages créant des failles environnementales. Les personnes qui occultent les blessures du XXIe siècle utilisent l'autre comme substitut d'épanouissement créant irrémédiablement une relation faussée.

Vivre dans les rôles des blessures, ou les fréquenter ardemment, va *in fine* entraîner la théorie archaïque et dramatique du triptyque persécuteur/sauveur/victime.

Le Persécuteur/Bourreau attaque, brime, humilie, donne des ordres et provoque la rancune. Il considère la victime comme inférieure.

Le Sauveur étouffe, apporte une aide inefficace, crée la passivité par l'assistanat. Il considère aussi la victime comme inférieure et lui propose son aide à partir de sa position supérieure.

La Victime apitoie, attire, énerve, excite. Elle se positionne comme inférieure et cherche un Sauveur ou un Persécuteur pour conforter sa croyance.

En incarnant ces personnages, nous faussons les pistes de notre nature véritable. En prendre conscience permet de ne plus engendrer des humeurs et des mauvaises peurs. Nous comprenons alors que notre parcours ou celui de l'autre a été momentanément blessé, et nous avons l'intelligence émotionnelle de ne plus subir cette blessure. En repérant les signes avant-coureurs de celle-ci, nous prenons soin de nous et de l'autre. Car nous savons que cette situation ou cette personne n'est pas la cause et que c'est plutôt notre blessure qui est l'écho de notre dépendance affective.

Certains obstacles vous empêchent de vous épanouir sans réussir à savoir vraiment pourquoi... Pour identifier votre blessure du XXIe siècle et voir comment vous en sortir, ce QR code vous donne accès à des contenus enrichis sous la forme de visualisations et de méditations efficaces.

L'indépendance affective

L'âge de la matière débute au 32e jour de la grossesse, lorsque l'âme s'attache au fœtus, rendant viable la naissance. L'adhésion de l'âme dans le corps du bébé provoque chez la mère un principe de rejet ou de sublimation. La première version trahira le futur équilibre de l'enfant, la seconde transmettra une sécurité d'encouragement nécessaire à la construction identitaire de l'enfant.

Psychologiquement, l'enfant fonde ses valeurs sur ses besoins immédiats. Il apprend à l'âge conscient à projeter ses envies pour les obtenir, et cette détermination provoque la première initiation à l'autonomie. Par contre, chez un enfant dont la mère fut peu aimante, le comportement apathique et son manque d'intérêt émotionnel favorisent un terrain de victimisation précoce. La blessure du XXIe siècle se crée dès le cinquième mois de grossesse pour s'incarner définitivement à la naissance. L'influence positive de l'affection maternelle est donc fondamentale, car notre dépendance affective est la première conséquence directe de notre blessure. L'ignorer nous rend encore plus fragiles. Prenons l'exemple d'un être impulsif et violent. En reconnaissant les besoins qui se cachent derrière ses comportements, nous y découvrons un personnage en quête de justice non satisfaite. Sa blessure joue le rôle de l'intolérant. En développant l'honnêteté, l'intégrité et la cohérence, l'être va tolérer naturellement son passé, ce qui va entraîner une diminution de l'intensité de la blessure et générer une profonde transformation. En effet, lorsque nous cessons de lutter contre nos ombres, nos peurs et nos manques en nous acceptant tels que nous sommes, nous découvrons alors toutes les qualités cachées juste derrière ! En intervenant maintenant dans la prise de responsabilité de notre blessure, nous choisissons aussi notre indépendance affective. Cette impressionnante responsabilisation réconcilie deux mondes, notre engagement personnel et notre lucidité devant les réalités extérieures que nos blessures pourraient engendrer. En développant et communiquant notre indépendance affective, nous créons un nouveau modèle d'humanité où l'humain devient le créateur du bien-être pour tous. Nous sommes alors prêts à incarner notre authenticité et à assumer notre réalité.

Les blessures de l'âme

L'âme crée les causes de sa blessure et notre personnalité incarne les effets. C'est en découvrant l'origine de cette blessure que l'on peut identifier notre destin à réaliser.
– L'Âme universelle

L'âme incarnée est l'être vivant, la vie, l'appétit, l'esprit et l'émotion. Désincarnée, l'âme est la *forme du corps dans la religion catholique*, le souffle divin dans la kabbale ou l'haleine de vie dans la religion musulmane, et le principe de vie dans la philosophie indienne. *L'Âme universelle*, quant à elle, nous rappelle ici le cheminement de notre âme depuis sa création jusqu'à notre manière de l'incarner. Originaire de l'Akasha, *la Terre des âmes*, notre âme provient d'une cellule unique appelée *Émanation*. Ce monde de l'émanation rassemble toutes les âmes qui œuvrent communément au service de l'équilibre de l'univers. En choisissant un parcours individuel, notre âme rejoint la Qaba, *la Terre du karma*. Cette mémoire silencieuse contient l'ensemble des actions, des actes et des œuvres que nous avons créés ou que nous réaliserons. Et c'est là, dans ce processus de division entre *la Terre des âmes et la Terre du karma* que notre âme peut s'exposer à des blessures. Ces blessures de l'âme peuvent être engendrées par nos familles d'âmes, ou occasionnées par nos choix d'individuation. L'âme rejoint ensuite le Samsara, *la Terre d'incorporation*, où nous choisissons notre « contrat d'incarnation », notre mission de vie ainsi que nos ressources et qualités pour les réaliser.

Alors que notre âme nous permet d'accomplir notre fonction propre, le souvenir de sa blessure va inconsciemment influencer notre personnalité, qui réagira alors sous la forme de réactions d'opposition (l'équilibre statique), de réactions de guérison (l'équilibre harmonique), de réactions de transmutation (l'équilibre compensatoire), ou encore de réactions de transformation (l'équilibre dynamique). Ces réactions comportementales sont les conséquences directes de la blessure initiale.

Et comme le disait Helena Blavatsky, cofondatrice de la Société théosophique : « Ce n'est pas le Karma qui récompense ou qui punit, mais c'est nous qui nous récompensons ou qui nous punissons nous-mêmes. » (Éditions Textes théosophiques, 1993)

Alors, découvrons sans tarder la toute première blessure de notre âme pour reprendre les rênes de notre autonomie psychique.

L'irréalité, première blessure de l'âme

Abandonnés, voire humiliés, nous rejetons l'âme. À la suite d'une expérience douloureuse qui nous a déséquilibrés, nous réagissons en créant un contrepoids à cette expérience qui nous permet de rester stables. En incarnant cette âme blessée par l'irréalité, nous serons alors en opposition avec notre propre réalité. Nous faisons et défaisons ; c'est la nostalgie d'un ailleurs, d'un grand amour perdu. Notre âme va alors, par notre intermédiaire, tenter de concrétiser ou de rendre visible sa présence. Cette blessure de l'âme s'incarne très souvent dans un canal de médiums, de guérisseurs, de médecins, de thérapeutes. Une division entre le corps et l'âme nous amène à compenser dans notre première partie de vie, puis elle tend à être transmutée dans notre seconde partie de vie. C'est donc du choix d'associer notre corps à notre âme que jaillit notre destin. Nous pouvons ainsi incarner l'origine de notre histoire neutre issue de *la Terre des âmes*, l'Akasha, et poursuivre la grande œuvre commune pour participer à la beauté du monde.

L'inquiétude, deuxième blessure de l'âme

De caractère fonceur, nous prenons une direction et fonçons sans nous laisser envahir par notre blessure. Cette blessure provient de l'âme désavouée qui se traduit par une personnalité sous l'emprise de la culpabilité d'exister. Nous ne réalisons pas alors que notre blessure nous amène à vivre irrémédiablement des réactions de transformation et nous tentons alors de trouver un équilibre dynamique. En effet, comme le poids de notre blessure concentrée peut nous faire basculer à tout instant, nous entretenons des réactions dynamiques pour éviter de tomber dans les vestiges de notre blessure initiale. Car la sensation la plus forte ressentie par notre âme est d'avoir été abandonnée. Notre âme a été expulsée par notre famille d'âmes, devenant ainsi un électron libre qui ne s'associe alors à rien ni à personne et qui a du mal à vivre à son époque. Nous portons la sensation d'être incompris et nous avons du mal à nous adapter aux autres, mais notre désir le plus profond est de retrouver notre famille d'âmes. Aujourd'hui, cela tendrait à faire partie d'un clan, d'un groupe ou d'une religion.

La ségrégation, troisième blessure de l'âme

Cette séparation imposée par un groupe d'âmes avant notre incarnation provoque dans notre vie une attitude stoïque et fière. L'âme abîmée pousse la personnalité à se fixer des défis qui renforcent une très forte présence nous permettant d'être concentrés sur notre axe de vie au risque de passer pour des êtres impassibles et insensibles. Mais c'est la blessure qui engendre ce comportement. L'énergie de la blessure vient s'accumuler en nous, provoquant un équilibre statique donnant une apparence imperturbable presque désincarnée. L'accumulation de l'injustice s'est emparée de notre âme, qui a vécu une mise à l'écart momentanée. Cette distante imposée est à l'origine de la blessure initiale de l'âme.

Le renoncement, quatrième blessure de l'âme

Nous incarnons ces âmes démissionnaires au travers d'une personnalité puissante, perspicace et forte. Nous portons en général de très grandes connaissances que nous refusons de transmettre autrement que par nous-mêmes, et souvent nous sommes sans objectif de descendance. Extrêmement seuls, nous ne vivons pas de véritable satisfaction, si ce n'est une satisfaction éphémère. Notre comportement est distant ou imperméable. Notre orgueil protège notre blessure qui remonte à notre première incarnation où nous avons choisi de renoncer à notre mandat d'incarnation.

L'amertume, cinquième blessure de l'âme

Se sentant incomprise et dans l'impossibilité de partager ses pleines valeurs, l'âme crée le rejet, une forme de renoncement partiel où elle ne développe pas son potentiel. Elle choisit de limiter le temps de vie de son corps – fausses couches, enfance écourtée. Ces âmes ont envie de partager de façon fugace le goût de la Terre, celui des émotions et des sentiments, mais elles s'autocensurent. Toutefois, leurs venues temporaires sont des témoignages puissants d'amour. Elles contribuent à une ouverture transgénérationnelle puissante du cœur.

La non-indulgence, sixième blessure de l'âme

D'aspect sévère, voire autoritaire, nous sommes en quelque sorte des justiciers qui portent le drapeau de la paix et l'imposent quoi qu'il advienne, sans tenir compte réellement de l'environnement extérieur. C'est avant tout savoir être, savoir faire et faire savoir. Ce qui, la plupart du temps, engendre des contractions dans nos relations, au sein de situations et même des lieux dans lesquels nous vivons, alors que notre mission profonde est d'ouvrir de grands espaces de liberté et de connaissance. À l'instar de grands missionnaires, notre vie est une démonstration d'objectifs où la plupart du temps nous sommes en suradaptation.

Cette course inassouvie emprisonne le plaisir de la liberté que nous tentons d'offrir aux autres. Notre personnalité peut alors subir un état de fatigue intense dû aux grands jugements que nous portons. Fonceurs, nous entraînons les autres, les convainquant et les stimulant. Notre force peut toutefois conduire notre entourage vers de bonnes ou de mauvaises directions.

Nos réactions tentent de guérir notre monde, qui jusqu'alors subit un désordre intérieur. Notre équilibre se stabilise grâce à une collaboration transversale entre notre âme et notre personnalité. C'est en brisant nos frontières rigides, même si le monde s'accélère, qu'une paix intérieure profonde permet d'assurer la coordination et la coopération de notre mission de vie.

Quel enjeu porte votre blessure de l'âme ? Avant de l'accepter pour transformer le monde, ce QR code vous plonge dans une expérience de lecture enrichie et vous donne accès à une méditation intégrative.

Les cinq destins de l'âme

Ces destins sont les grands témoins de notre XXIe siècle. Vous y découvrirez une part de vous-même ou d'une personne proche. Ces destins bouleversent nos sociétés car ils ont la capacité de ne plus être tournés vers eux-mêmes mais de déployer des visions, des actions au service de l'humanité.

Le destin alchimique

Les alchimistes sont la mémoire du temps. Ils retrouvent systématiquement des vestiges de leurs passages antérieurs terrestres. Ils sont actuellement peu nombreux sur Terre. Très joyeux, ils s'amusent avec la vie car ils transgressent la peur et osent accomplir toute action. Ces faiseurs d'irréel magnétisent concrètement des instants de pure magie dans un unique but: vivre la joie permanente de la conscience éveillée.

Leurs connaissances empiriques se délectent de l'histoire de l'humanité. Ils sont les conseillers et les témoins d'un monde invisible vivant avec nous, partageant l'Air et la Terre, partageant l'abondance.

Ils manifestent consciemment l'objectif de spiritualiser les mentalités, de libérer les pressions des karmas et surtout de déclencher la joie, cet élixir de vie.

Lorsque vous aurez la chance d'en croiser un, souriez car il vous reconnaîtra et vous enseignera.

Le destin réparateur

Les réparateurs sont des témoins de l'injustice humaine. Leur vie chaotique apitoie, consterne. Leur corps porte les stigmates de la violence, de la haine ou de la guerre et nous renvoie à la compassion, nous permettant ainsi de déployer notre bienveillance. Ces témoins d'actes primitifs humains engendrent un éveil de conscience, un rassemblement pour soutenir et transformer.

Leur destin porte une haute fréquence vibratoire car ils réorganisent la société humaine en transmettant du sens et le réveil des qualités de l'humanité.

Le destin anarchique

L'anarchiste est celui qui a tout: l'inspiration et la réalisation. Énervant pour celui qui n'ose pas, insultant pour celui dont la vie est figée ! Il est celui qui ose et réalise totalement sa mission d'âme. Il passe dans la vie comme un bulldozer, avec une force nourrie d'empathie, de beauté et de grâce. Rien n'est sérieux pour lui, mais sur le moment il est en compétition avec son seul adversaire, lui-même ! Constamment à réaliser des actions de plus en plus grandes et puissantes, sa ressource est inépuisable. Il a la carte verte des anges, l'intelligence des archanges et le culot de la Terre.

Manquant d'humour et cruellement de recul, ses émotions sont en dents de scie. Il sait circuler dans les ombres sans être atteint, et écouter la lumière. Sage à ses heures, autoritaire devant l'ignorance, il se distingue par une grande beauté intérieure et extérieure, un charisme affirmé, voire révoltant, pour ceux qui n'interprètent pas le rôle de leur vie. Il est toujours occupé, mais facile à aborder, il fait partie des nouveaux explorateurs de conscience. Ces éveilleurs tentent d'incarner la meilleure version d'eux-mêmes au service des autres et du monde.

Le destin accompli

L'être a quitté l'autoroute de la quête et savoure son quotidien. Certains diront qu'il fabule. Il n'en est rien : c'est son recul qui offre la perception d'être légitime.

Sa bienséance rassurante transmet l'éducation comme moyen d'épanouissement. Son savoir est généreux et il le partage avec enthousiasme autour de lui.

Riche de connaissances, sa vision du monde est détachée d'émotion et préfère rassembler pour transformer l'avenir. Cet érudit affectionne les jolies choses et métamorphose les êtres ambitieux en êtres responsables. Il est garant de justice, du bon droit et il fantasme sur l'éternité. Ces êtres transmettent à notre humanité leurs connaissances et leurs expériences.

Le destin désinvolte

L'être désinvolte est affamé et passionné. Ses actes antérieurs manqués le poussent à légitimer sa vision. L'espoir est sa vitalité, la clé de son cheminement. Social et pertinent, cet être est sans pitié devant la passivité des autres. Il bouillonne d'idées, de choses à faire, et va rarement au bout de sa démarche, car il change d'axe si une rencontre ou une idée le fait réagir. Il est authentique et de nature frêle, mais son énervement est constant. Il ne goûte ni à la quiétude ni au repos. Il s'affaire tout le temps. Ses métiers sont changeants, ses déménagements fréquents. Cet être est celui qui hausse le ton et partage avec hargne ses convictions de temps à autre infondées !

Il parcourt le monde avec allégresse, recherchant la liberté sans jamais se l'offrir. Souvent rejeté et trahi, il occupe une place très importante dans une société où incarner l'électron libre est peu évident.

L'ego, le grand entrepreneur du XXIe siècle

La signature de l'âme

Le nationalisme, l'économie, la spiritualité ou la religion sont des courants ou des domaines qui éliminent bien souvent notre volonté, notre raison et notre logique en introduisant majoritairement la récompense ou la punition. Le bien et le mal. Ce principe de causalité (action-réaction) nous maintient captifs au sein de notre société moderne. Si nous ne suivons pas telle icône, tels textes ancestraux ou telles lois nous encourons le danger, la souffrance, la malchance ou un mauvais karma.

Nous serons donc punis d'un comportement anticonformiste. Cette soumission encourage certains opportunistes à prendre la relève dont le rôle est de briser la volonté et de créer des adeptes consciencieux, contredisant ainsi la logique et la raison.

Souvent qualifié de polluant, de réducteur, voire de destructeur, l'ego porte de nombreuses dominantes négatives.

Pire, l'ego serait un ennemi. Pourtant, il est tout ce que nous ressentons, la passion, l'excitation, le dynamisme, et donc ce qui constitue notre créativité.

Ces dominantes positives stimulent, nourrissent et amplifient nos inventions. Un artiste ne peut créer sans son ego, alors pouvons-nous vivre dans un monde sans créativité ?

C'est en lisant les trois définitions suivantes de l'ego qu'une quatrième peut naître en adéquation avec notre environnement actuel du XXIe siècle.

Selon certains philosophes, l'ego serait l'équivalent de la conscience en psychologie. Il est le fameux « je » qui émet des informations, traite et perçoit. Nietzsche a dit : « Nul n'ignore que la conscience n'est qu'une petite partie de nous-mêmes. »

En psychologie, l'ego désigne la part de personnalité chargée d'équilibrer les différentes forces auxquelles est confronté le psychisme de l'individu. Et pour un grand nombre de courants spirituels, l'ego est la fausse représentation que nous nous faisons de nous-mêmes.

Il est donc nécessaire de découvrir la construction de notre ego avec enthousiasme et spontanéité, car c'est certainement l'aventure initiatique la plus expérimentale actuellement. En effet, découvrir la quatrième définition de l'ego : l'entrepreneur du XXIe siècle, permet de retrouver les immenses capacités de notre véritable nature. En embrassant notre ego pour en extraire nos savoir-faire, nous découvrons qu'il est le noyau de notre singularité, le processus de la découverte, et la réalisation de soi qui est la clé de notre âme, de notre cœur. Notre sagesse et notre logique cachent les secrets de notre propre croissance.

En effet, véritable allié et protecteur, l'ego est notre feu et notre créativité, la signature de notre âme. Il est un révélateur de talent dont toutes les inventions ont un impact gigantesque dans notre histoire.

Le principe de l'ego, Ahamkar en sanskrit, est le sens de l'identité personnelle. Ce mot vient de *aham*, qui signifie « je suis », et de *kar*, qui signifie « répétition ». L'ego se construit par la répétition. Ahamkar est en quelque sorte le « fabricant du moi ». Il débute dans une énergie neutre, sans identité propre, puis il crée une identité personnelle en s'attachant à différentes choses, telles que le corps, les émotions, les sentiments et ce à quoi nous tenons le plus : nos pensées. L'agglomérat des pensées, constamment remanié, et ses différents attachements constituent le « moi ». La mémoire forge des souvenirs qui, avec le temps, révèlent la connaissance originelle, appelée la Source. La Source utilise nos ressources comme outils d'expression.

Une nouvelle piste est alors probable, puisque l'ego est la répétition de ce que nous sommes. Cette fabrique du *moi* est indissociable de notre pleine réalisation. Ne serait-ce pas tout simplement parce que l'absence de réalisation de nos rêves banalise notre quotidien et contraint notre ego à surjouer ou à abandonner nos projets ? Sa vertu est de révéler enfin notre véritable potentiel car l'ego est ce qui nous rend uniques et créatifs. Ne le laissons jamais partir ! Car lorsque notre créativité est au service de l'humanité nous enracinons une œuvre inspirante et concrétisons le projet de notre vie.

Incarner son ego est le principe le plus jubilatoire qui est amené à vivre ! Ce QR code vous plonge dans une expérience de lecture enrichie et vous donne accès à un exercice guidé spécifique.

La récupération de vos dons akashiques

Le mental intuitif est un don sacré. Le mental rationnel est un serviteur fidèle. Nous avons créé une société qui honore le serviteur et oublie le don.

– Albert Einstein

Beaucoup d'êtres incarnés ont une sorte de nostalgie d'un ailleurs, tout comme certaines âmes vivent la nostalgie de la Terre. À force de se réincarner, l'âme a appris à vivre dans un corps accompagné de sentiments et d'émotions. Elle a aussi acquis une forme d'amour de l'incarnation. L'ambition initiale de notre âme est le partage de nos dons akashiques, ces talents coopératifs pour maintenir l'équilibre social, sociétal, énergétique et cosmique de la Terre. *C'est l'axe du développement transpersonnel.*

Pour l'incarner, nous adoptons des qualités individuelles, la découverte et la connaissance de soi, l'estime de soi, la pacification de nos blessures, la responsabilisation. *C'est l'axe du développement personnel.*

La plupart d'entre nous visent le développement personnel comme l'étape fondamentale pour s'épanouir, reconnaître sa mission de vie et manifester ses talents individuels.

Or, notre ambition première est de contribuer au bien-être de l'humanité.

D'être ce lien entre notre identité et notre biodiversité, et entre le monde vivant et l'univers. Souvenez-vous ! Dans le paragraphe précédent, l'Âme universelle nous confiait les origines de notre âme, issue de l'Akasha, *la Terre des âmes* là où toutes les âmes *œuvrent* ensemble dans la même perspective. Cette coopération maintient l'équilibre de notre univers.

Nous sommes alors tous conçus dans une autonomie omniprésente et nous sommes tous issus d'un espace de créativité, de collectivité et de coopération.

Pourtant, nous consacrons une majorité de notre vie à comprendre, pardonner et transformer nos problématiques individuelles, ne contribuant ainsi que timidement à notre humanité.

Notre ignorance provient d'un système scolaire archaïque ou d'une éducation inconsciente qui pénalise un temps imparti à l'équilibre de la Terre. Aujourd'hui, nous avons perdu 65 % du monde du vivant, cet effondrement de la biodiversité étant lié à notre manière de vivre, de consommer, de penser. Alors, j'ai demandé à *l'Âme universelle* comment contribuer à un bien-être pour tous.

Voici sa réponse : « En redécouvrant votre don akashique et en ayant la volonté de le déployer, vous construisez votre identité en réparant la tempête de vos blessures. Vous légitimez alors votre ascension vers le droit au bonheur. Souvenez-vous ! À toute petite échelle, lorsque vous faites une bonne action votre personnalité se sent utile, vous augmentez votre bonheur, votre intention bénéfique permet au don de soi de démultiplier votre taux vibratoire pour contribuer à un monde meilleur. »

J'ai demandé alors à *l'Âme universelle* de nous transmettre un outil pour nous éveiller à nos dons akashiques.

La première étape consiste à définir ce qui constitue votre histoire de vie depuis votre enfance jusqu'à aujourd'hui. *Un simple papier et un stylo suffiront.*

Dans votre enfance, pratiquiez-vous un sport, un art, et quelle émotion cela vous apportait-il ? Aviez-vous des talents naturels ? Quelle a été votre relation aux autres – étiez-vous populaire ou plutôt discret ? Qu'est-ce qui captait votre attention à l'adolescence ? Qu'aimiez-vous faire de votre temps libre ? Que disaient les autres de vous ?

Aujourd'hui, listez les qualités des personnes qui vous inspirent ? Et si vous aviez la certitude de réussir, qu'entreprendriez-vous immédiatement ? Imaginez que le bonheur vous impose un ultimatum et qu'il ne vous reste qu'une semaine à vivre. Que feriez-vous ? Ces questions simples laissent surgir ce qui vous rend véritablement heureux et ce qui est important à vos yeux.

Relisez vos réponses et observez que certaines reviennent à plusieurs reprises.

Ce sont là vos qualités naturelles. Elles vous éclairent sur votre capacité innée à utiliser vos facultés pour créer vos rêves. Naturellement, vos talents sont reconnus.

Entourez-les et poursuivez avec moi. Sur une feuille, inscrivez vos talents naturels ou vos prises de conscience et posez-vous la question qui suit sans chercher à comprendre ou à analyser.

Tandis que ces talents sont là, écrits devant vous, demandez non pas à votre esprit ou à votre cœur, mais à votre corps, ce qu'il aurait envie de faire tout de suite en écoutant cette future réponse qui, dans quelques secondes, sera claire.

Répétez à voix haute, les yeux grands ouverts, vos qualités naturelles ou ce qui vous a sauté aux yeux et demandez-vous quelle serait la chose évidente à faire maintenant si vous portiez l'émotion et la sensation qu'elle vous procure. Votre réponse ou votre sentiment est le chemin qui tend vers votre don véritable, votre don akashique.

Pour vous amener à révéler l'ensemble de vos qualités naturelles et à activer votre don akashique, ce QR code vous plonge dans une expérience de lecture enrichie et un exercice guidé. »

Les traits dominants de votre patrimoine corporel

Nous avons observé jusqu'à maintenant les causalités linéaires de nos névroses personnelles et répétitives. Et fait le choix d'être responsables de l'origine de tout ce que nous vivons et engendrons.

Nous avons donc développé des qualités extraordinaires. Ce basculement engendre la responsabilisation de soi au sein du collectif. C'est l'autonomie psychique. Nous entrons maintenant dans les préliminaires de l'autonomie énergétique. La spiritualité peut parfois être perçue comme une pratique éthérée, déconnectée du réel, du concret, du quotidien. J'aimerais donc vous inviter à la rencontre de votre corps, des différents langages qu'il véhicule, du rapport privilégié que vous pourriez entretenir avec vous-même et avec les autres si vous tentiez de découvrir comment le corps physique humain peut devenir le partenaire idéal pour voyager vers votre monde intérieur et vous ouvrir également au monde extérieur et aux univers de chacun.

Pour les thérapeutes holistiques, ou toute personne sur le chemin d'un épanouissement personnel, appréhender le corps par une perception plus affinée leur permettra d'entrer avec fluidité en relation avec leurs patients et de percevoir ce que ces derniers vivent dans l'instant présent, et certainement aussi de découvrir les espaces d'eux-mêmes qu'ils ne savent pas visiter. Le corps est la porte d'entrée de notre monde intérieur. Sans lui, nous ne pourrions plus éprouver aucune émotion. Il est notre premier guide vers nous-mêmes et les autres.

C'est par les enseignements de techniques de théâtre proposées par un pédagogue de génie, Luc Charpentier, que je vous invite à éprouver votre corps comme vous n'avez encore jamais imaginé le faire.

Tout d'abord, je vous propose d'envisager votre corps non plus comme un «bloc» qui va des pieds à la tête ou de la tête aux pieds, mais qui est composé de quatre espaces distincts vivant chacun dans une dimension, un rythme ou dans un temps différent les uns des autres. Ces quatre espaces, que j'appellerai ici ÉTAGES, se trouvent en relation avec l'un des quatre éléments qui forment notre planète.

1er étage : le feu. L'étage qui va lui correspondre se situe dans le bas de notre corps, qui part du bout des orteils et remonte juste au-dessus du sexe, dans le bas-ventre. En observant bien, notre corps forme ici un triangle qui pointe vers le haut. Nous l'appellerons *l'étage sexuel*. Le maître de cet espace est le chakra de la base.

Cet étage nous permet d'entrer en contact avec le monde des sensations, en connexion avec le thème de la mort. Nous sommes là en lien avec la «réalité»; c'est l'étage du «conscient». Ici, nous éprouvons le temps présent avec une grande intensité, un espace d'excitation. Quand notre énergie vient se loger dans le bas de notre corps, il y a de l'électricité dans l'air, les circuits électriques se connectent et nous entrons dans un monde où l'instant présent est le seul qui importe. Nous vivons alors nos sens avec une grande acuité. Nous devenons des êtres sensitifs ! Le tempo est ultrarapide, nous avons la sensation du temps qui file « entre nos jambes ». Les deux sens privilégiés sont la vue et le toucher.

2e étage : la terre. L'étage qui va lui correspondre est le soma, situé dans le corps, entre le bas-ventre et le nombril. C'est *l'étage de nos tripes.* C'est là que nous entrons en rapport avec nos émotions, nos envies, notre puissance aussi. La densité de la terre est la plus forte parmi les quatre éléments. Cet étage nous permet d'éprouver toutes les résistances qui existent entre nous et les autres ou entre nous et nos envies. C'est en les rencontrant pleinement et en les dépassant que nous arrivons parfois à nous libérer et à gagner ainsi notre autonomie. Si vous venez loger votre énergie à cet étage, vous devenez un être sensoriel. La sensorialité, c'est la capacité d'éprouver et de faire éprouver par nos sens. Le sens privilégié ici est le goût ; nous entrons alors dans la perception, nous sommes là en lien avec notre supraconscient. Cet espace est celui du thème de la liberté ! Le tempo est lent, on voyage dans notre profondeur, dans notre monde intérieur. Le maître de cet étage est le hara. C'est le siège de notre puissance dans le corps. L'antichambre du soma est l'étage sexuel ; il est la porte d'entrée vers notre puissance. Nous en éprouvons parfois la sensation quand nous avons un orgasme différent de la jouissance qui peut rester uniquement sexuelle. L'orgasme, lui, nous ouvre les portes de notre puissance ; il nous entraîne dans un voyage au cœur de notre cosmos intérieur.

3e étage : l'air. L'étage qui va lui correspondre se situe du nombril au plexus solaire. C'est dans cet espace que nous trouverons *l'étage de la psyché*, qui est également l'espace privilégié de la spiritualité. Le maître de cet espace est la foi (le foie) ou l'hypophyse.

Si vous élevez votre énergie dans cet espace, vous deviendrez un être sensuel. La sensualité, c'est l'art de recevoir par vos sens. Vous ne pourrez plus vous tenir physiquement n'importe comment, le corps trouvera alors un certain maintien qui restera toutefois léger et aérien. À la limite, vous aurez la sensation que votre corps est un bateau à voile qui ne se déplace que par le souffle du vent sur sa voilure...

Nous sommes là en lien avec notre subconscient. La sensation d'être transportés et le lâcher-prise ne sont pas loin... Ce n'est plus nous qui guidons ; nous sommes guidés. Nous sommes sensibles à tout ce qui appartient au passé et nous croyons alors au destin. Le destin est un passé qui reste à venir, nous nous sentons prédestinés à telle ou telle expérience de vie. Le sens privilégié de cet espace est l'ouïe, le monde des silences. Là où fusionnent nos pensées, nous pouvons presque les entendre, et tout cela dans une harmonie parfaite. Cet espace est celui du thème de la vie, de la vibration. Le tempo est ultralent, on se laisse porter au gré du courant, du vent ou des autres éléments, sans résistance.

4e étage : l'eau. L'étage qui va lui correspondre se situe dans le haut du corps. Si vous levez les bras en les écartant, vous trouverez un triangle qui pointe vers le bas du plexus solaire ; au bout des doigts se situe *l'étage mental*. Quand notre énergie vient habiter cet étage de notre corps nous entrons dans le monde des sentiments. Le cœur est le maître de cet étage ; lorsque nous vivons dans cet espace, nous devenons des êtres sensibles. La sensibilité est ce qui nous permet de percevoir toutes les nuances qui existent entre les choses et les êtres. La main est l'instrument d'expression du cœur. Cet espace est celui du thème de l'amour. C'est là que nous formulons des projets ; nous sommes donc au temps du futur. Le tempo est rapide, nous fonçons vers l'avenir. La manière d'aborder les choses donne énormément d'informations sur qui nous sommes. C'est par notre manière de faire que nous exprimons notre singularité, ce qui nous distingue les uns des autres. Nous sommes là en lien avec notre inconscient. Le sens privilégié ici est l'odorat.

Autrement vécu, on peut parler d'intuition.

Cette rapide synthèse permet d'éclairer l'humeur de vos patients ou des êtres que vous rencontrez. Imaginez que vous devez avoir une conversation peu évidente avec votre conjoint ou avec un membre de votre famille ou de votre profession. Si votre interlocuteur porte alors la même humeur que vous au même endroit situé à l'étage du soma, là où les résistances, les souffrances sans réponses

demeurent, le dialogue peut alors rencontrer un jeu d'oppositions. En plaçant votre humeur à l'étage du mental, par exemple, vous ouvrez le jeu à une conversation bienveillante.

Ce QR code vous plonge dans une expérience de lecture enrichie et vous permet de pratiquer cet outil hyperludique et joyeux.

ÉTAPE 2 :
L'autonomie énergétique

D'une histoire biologique à une aventure karmique

On ne connaît pas complètement une science
tant qu'on n'en sait pas l'histoire.
– Auguste Comte

Le corps : les organes de la Terre

Le contenu de cette deuxième étape est issu de channelings *reçus à la fin décembre 2017.*

Le corps est donc un prodige mécène qui illustre parfaitement notre composition alchimique et énergétique. Pour le maintenir dans son équilibre, nous devons lui administrer une nourriture en symbiose avec le rythme de la Terre.

Car de l'alimentation psychique à l'alimentation organique, notre consommation est la résultante de notre état intérieur et de ses conséquences extérieures.

Prenons l'exemple de nos aliments. *Les organes de la terre* fécondent en temps et en heure les productions en cohérence avec les saisons qui répondent à nos besoins alimentaires du moment.

Le rythme des saisons correspond donc à nos besoins physiologiques et énergétiques, car la terre produit exactement nos ressources au moment où le corps en a besoin, même si nous avons si souvent envie en hiver de ce fruit qui ne pousse qu'au printemps !

À nous de vivre la cohérence et d'apprendre à vivre avec les nouvelles cadences liées au dérèglement climatique. En effet, l'élevage, l'industrie alimentaire, la distribution et la consommation exigent de l'énergie qui provoque des émissions de gaz à effet de serre et contribue au réchauffement climatique.

Notre responsabilité alimentaire épargnera peut-être ainsi les funestes conséquences sanitaires liées à la croissance démographique, car dès 2050 nous serons trois milliards d'habitants de plus !

Mais découvrons ici la respiration de notre corps, qui est tout aussi importante que la nourriture que nous lui administrons. Cette composition d'azote et d'oxygène se rythme en quatre temps : l'inspiration, l'expiration, le soupir, et le silence.

La plupart d'entre nous utilisent une respiration claviculaire, diaphragmatique ou costale, voire complète. Toutefois, en recourant à d'autres perspectives du corps, l'intervention de ces quatre rythmes devient un outil indispensable.

L'inspiration, *le vent de la perception*, est une initiation au lâcher-prise et elle invite l'expiration, *le vent de la reproduction*, à nourrir d'une énergie bienveillante les cellules et les organes.

Le soupir, *le vent égalisant*, est l'accroissement et l'enrichissement de notre dimension énergétique.

Le silence, *le vent diffusant*, est l'introduction de l'imprégnation de l'être universel et magnétique.

Cette respiration prépare le corps à un sommeil réparateur car nous négligeons très souvent les causes d'un mauvais sommeil: le stress accumulé dans la journée, une alimentation trop légère ou trop protéinée, une sensibilité aux émissions électromagnétiques. Ces différentes raisons nous amènent parfois à mal nous endormir ou à nous réveiller en pleine nuit sans parvenir à nous rendormir, ce qui, à notre réveil, nous donne l'impression de ne jamais être en forme. Ce rituel respiratoire permet de nettoyer l'impact de nos émotions accumulées dans la journée et d'inviter nos rêves à jouer leurs rôles. Vous en conviendrez, il est bien rare que notre organisme mette en œuvre des fonctions inutiles. Le rêve a aussi un rôle spécifique à jouer; il est souvent composé d'événements ou de personnages qui ont ponctué notre journée. Le Dr Royant-Parola explique cette imbrication étrange de réel et d'inventivité : « Nous fabriquons effectivement nos rêves en cours de journée. La nuit, nous confrontons ce que nous avons vécu à ce qui est déjà stocké. Il y a un lien considérable entre le rêve et la mémoire. Au moment du rêve, les connexions s'embrasent et notre cerveau construit une nouvelle réalité à partir de tous ces éléments. Parfois, il y a un enchaînement logique, parfois cela paraît incohérent au premier abord mais, toujours, on retrouve des références à des choses anciennes qu'il faut alors décrypter. » Nous rêvons en moyenne 100 minutes chaque nuit; à 60 ans, nous aurons passé plus de quatre années de notre vie à rêver. Le rêve met en scène un jeu de rôle qui facilite la résolution de nos conflits interpersonnels. Nous pouvons alors apprendre à profiter des bienfaits de nos rêveries. En effet, ces belles échappées nous promènent à l'intérieur de nous pour trouver du sens et transposer nos aptitudes en nouveaux savoirs. Nos rêves sont alors la marque de notre croissance intérieure. Ces promenades à l'intérieur de soi permettent d'éclairer nos inconforts mais aussi de renouer avec notre création personnelle. En effet, le psychanalyste Carl G. Jung en fit l'expérience sur lui-même. Alors que, plongé dans une grande dépression, il découvrait les pouvoirs de ses images intérieures, il posa les fondations d'une de ses découvertes essentielles: « l'imagination active ». Ce processus révèle la collision de notre inconscient qui est *la matrice créatrice*, la réalité d'une énergie active qui offre au conscient des inspirations, des intuitions et des créations nouvelles. En effet, nous avons tous une tendance naturelle à imaginer et canaliser cette énergie. Une fois désaliénés de la projection que nous pouvons faire des gens qui nous entourent et de la société dans laquelle nous sommes immergés, nous rentrons dans notre propre intériorité et trouvons le centre de notre être véritable.

L'autonomie énergétique agit donc aussi la nuit, car notre inconscient est la mémoire de l'âme qui agit la nuit pour désintensifier nos émotions contractées le jour et pour nous reconnecter à nos qualités naturelles créatrices et imaginaires.

Le jour, l'âme utilise ses organes, *nos chakras*, pour prendre le relais. Dans la deuxième des quatre conférences consacrées au symbolisme des chakras dans le Yoga tantrique, Carl Gustav Jung met en évidence l'aspect impersonnel des visions de sa patiente en les comparant à l'éveil du serpent Kundalini.

Chaque chakra est étudié selon son symbolisme, évoquant par exemple Muladhara, situé dans le bas-ventre, qui représente notre existence consciente, personnelle et terrestre. C'est un monde dans lequel il faut être enraciné pour pouvoir éveiller la kundalini et pénétrer dans le monde aquatique du deuxième chakra, puis dans celui du feu de Manipura, situé dans le plexus solaire et correspondant au monde dangereux de l'éveil des émotions, avant d'être soulevé dans l'air d'Anahata, où se situe le Purusa : le soi divin, équivalent du soi impersonnel.

Les organes de l'âme

L'univers énergétique est un monde inconnu, son symbolisme a éveillé les mythes cosmogoniques et initiatiques. Il n'en demeure pas moins qu'il est une fantastique machine où tout est déjà inscrit !

Dans les premiers textes de la *Yoga Chudamani Upanishad*, entre le VIIe siècle av. J.-C. et le Xe siècle, on retrouve la présence de plus de 88 000 chakras répartis sur tout le corps. Les chakras sont les organes de notre âme ; on en dénombre sept majeurs, situés le long d'une ligne qui suit le trajet de la colonne vertébrale (la kundalini). D'autres médecines les reconnaissent à leur manière : en Chine, dans la pratique de l'acupuncture, ou en Occident, où ils correspondent aux réseaux de nerfs et de vaisseaux.

L'ensemble des trois premiers centres constitue le premier principe de motivation : la recherche de la satisfaction personnelle élémentaire. Le quatrième chakra se met au service des autres de manière désintéressée, l'ensemble de ses buts forme le second principe de motivation.

Le troisième principe de motivation s'exprime à partir des sixième et septième chakras ; il s'agit de dépasser la condition humaine pour parvenir à la pleine réalisation du Soi.

Du point de vue de la psychologie, le premier principe de motivation est en lien avec l'inconscient (le ça), le deuxième est en lien avec le préconscient (le moi), et le troisième est en lien avec le conscient (le surmoi).

Nos émotions ou expériences mal vécues, voire toxiques, développent des poches *apâniques*, des réservoirs mémoriels suscitant des blocages. La psychologie des chakras est largement influencée par la tradition tantrique, qui désigne l'expansion de la conscience au moyen de différentes techniques, telles que le mantra (le son), le yantra (le diagramme) et les mudras (les gestes). Ces différentes modalités font référence à des déités qui, invoquées, harmonisent les chakras.

Cette compréhension du divin a engendré le concept archétypal de Carl Gustav Jung nous apprenant que nos structures types influenceraient notre mental. Les divinités tantriques comme les archétypes jungiens reflètent la perception qu'il existe en permanence dans l'univers des structures immatérielles énergétiques d'information favorisant l'expansion mentale.

La transition dans laquelle nous sommes actuellement laisse apparaître de nouveaux paradigmes qui se concrétisent dans de nouvelles structures énergétiques et de nouveaux chakras. Découvrons-les.

Ce QR code vous permet de replonger dans la psychologie des chakras principaux avant de découvrir les nouveaux, et ce, afin de vous familiariser avec leurs rôles et leurs buts, leurs archétypes ou animaux totems.

Les nouvelles énergies

La transition entre l'ère de l'accusation et l'ère de la responsabilisation vers l'ère de la bienveillance donne accès à de nouvelles fréquences qui modifient jusqu'à notre structure énergétique.

Si vous avez recours à des soins holistiques ou si vous les pratiquez vous-même, vous pouvez constater que les traitements jusqu'alors transmis ne répondent plus à vos besoins actuels. En effet, de nouvelles énergies autonomes apparaissent, vous permettant d'être votre propre médecin de l'âme.

Pour nous soutenir dans cette incroyable transition, notre âme nous donne accès à ses précieux alliés, les nouveaux centres énergétiques.

Le Saut du Lion est le premier nouveau centre énergétique situé dans le périnée. Il est le siège de l'émancipation. Le Saut du Lion est un réceptacle triangulaire dont les contractions périnéales (le muscle du plaisir) forment une sorte de clapet qui permet, en le contractant et en le décontractant, de sortir des états d'urgence. Orienté vers le bas, *pointe du triangle en bas*, il contient nos aliénations de valeurs et de dépréciation. C'est en quelque sorte «*Je veux sauter le pas... mais je n'y arrive pas !*» un axe d'enri-

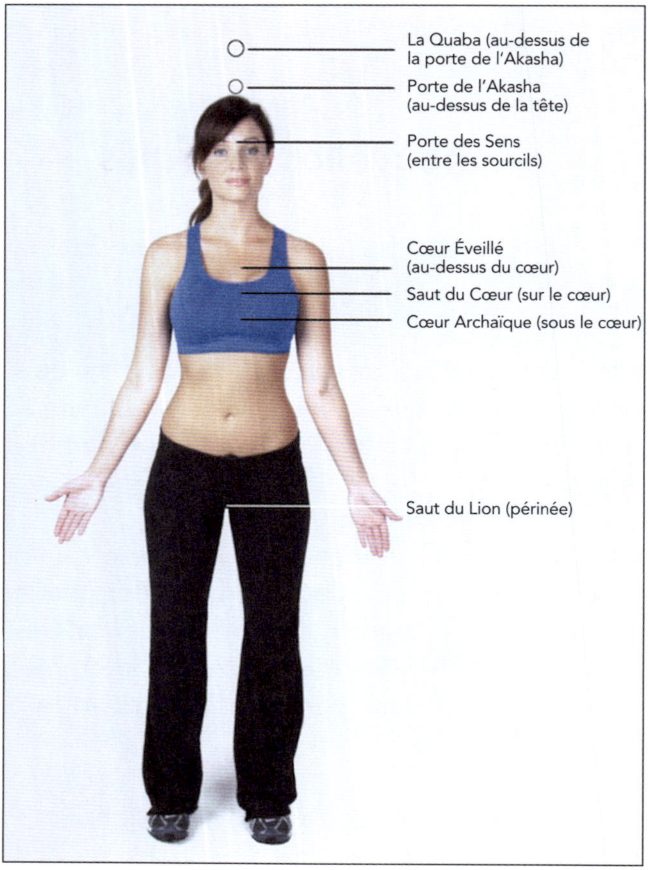

chissement de la victimisation pour ceux qui vivent dans la fatalité. En effet, depuis plusieurs siècles l'être humain nourrit une surprésence du soi au détriment de son humanité et des autres. Ce qui a favorisé une forme d'endurance égocentrique, mais qui a aussi engendré un exutoire : le Saut du Lion. *Inversé pointe du triangle vers le haut*, ce centre permet d'oser faire un état des lieux et donc de faire des choix. Cette énergie permet une prise de conscience de nos aliénations pour affirmer notre présence sur Terre et son utilité. C'est choisir sa vie sans dépendre des autres pour vivre pleinement son orientation personnelle. C'est aussi vivre et déployer ses passions permettant à chacun de nous d'être épanoui au sein de sa vie professionnelle. C'est certainement la clé d'une nouvelle société bienveillante en pleine croissance. Le Saut du Lion est donc un choix d'indépendance où l'être autonome incarne sa passion.

Le Cœur archaïque est le deuxième nouveau centre énergétique situé sous le cœur. Il est le siège du non-amour. En réunissant toutes les couleurs de l'arc-en-ciel nous obtenons une seule couleur, le blanc. En réunissant tous nos blocages, nous obtenons une blessure, celle du non-amour. Rappelez-vous le personnage du mal-aimé qui s'est nourri de ce qu'il a reçu ou émis. Cette souffrance a permis de découvrir ce que l'on est profondément. Et donc de savoir ce que l'on veut vraiment conserver. Quel sentiment est-il essentiel de privilégier pour se transformer en ce que l'on veut être depuis le premier jour?

Le Saut du *Cœur* est le troisième nouveau centre énergétique situé sur le cœur. C'est la liberté individuelle au sein de valeurs loyales. C'est le cœur altruiste qui rassemble l'ensemble de nos qualités et de nos dons positifs pour œuvrer dans l'intérêt des autres. Le Saut du Cœur considère notre responsabilité de créer les meilleures conditions pour transmettre le meilleur de nous-mêmes pour un monde meilleur. Ce centre incarne la résilience et nous permet d'être indifférents à nos schémas ou à nos blessures répétitives.

Le Cœur éveillé est le quatrième nouveau centre énergétique au-dessus du cœur. C'est le cœur coopératif qui est né du respect de soi et de l'altruisme. Ces deux axes cocréent le bonheur de l'autre. C'est en quelque sorte devenir soi-même en aidant les autres à devenir eux-mêmes. Et s'offrir de la flexibilité à tout moment pour être capable de s'adapter à toutes les situations. C'est aussi l'axe de la résistance de nos blessures, un axe situé dans le Cœur archaïque. Et la satisfaction d'avoir su transformer ses défauts en qualités. Le Cœur éveillé permet aussi de déployer notre empathie au sein d'un projet issu de notre passion.

La Porte des Sens est le cinquième nouveau centre énergétique situé sur la glande structurelle à huit centimètres à l'avant du front. C'est le passage à l'action enveloppé de l'acuité de nos cinq sens. C'est comme si, en dégustant un simple fruit, vos sens vous transmettaient l'histoire de sa naissance,*de la main qui l'a cueilli à la main qui l'a vendu.* Vous percevez alors les véritables besoins de la Terre et ceux des autres. La Porte des Sens vous permet d'investir dans le monde votre projet de vie en reconnaissant les qualités naturelles que vous portez, et donc de vous miser sans risque ! La portée de votre projet qui a du sens, *car il est soutenu par vos sens unis et actifs*, permet à la loi de l'attraction et de la manifestation de concrétiser l'action. Ce déploiement devient le succès de votre réalisation.

La Porte de l'Akasha, située au-dessus de la tête, est la mémoire de votre âme. Ayant interprété tous les rôles au sein de toutes vos vies antérieures, vous recevez la connexion de vos ressources, de vos dons et de vos rencontres antérieures. Un état de réceptivité *aiguë* en quête de partage.

En effet, ici et maintenant résonne une paix sacrée entre le passé de l'âme, le présent de l'être et la vision de son dessein.

La Qaba est le dernier des nouveaux centres énergétiques. C'est un triptyque d'union. Celui de votre vie actuelle, de votre karma (vos vies antérieures) et de la présence cosmique. Ce point de recentrage permet d'être en lien avec toutes choses, toutes matières, tous les individus, et avec l'invisible. Cet état irénique transmet à l'environnement une paix profonde et universelle. Cette présence amoureuse permet de transmettre une vision élargie de notre monde et de créer de nouveaux enjeux d'intérêt universel.

Les corps d'encouragement

En incarnant la vie, nous mobilisons toutes nos cellules au déploiement d'un microorganisme. Au fil de notre croissance, nous accompagnons d'autres structures, peu visibles, mais en symbiose avec nos déplacements. Ces corps intangibles sont des structures d'encouragement qui portent des ressources inépuisables et qui ont la capacité de décharger le corps physique des agressions intérieures et extérieures.

Ces différents corps quantiques s'emboitent comme des poupées russes et enveloppent le corps physique.

Le premier corps d'encouragement est **le corps Alpha**.

Il est l'unité et un principe de puissance, de continuité et de stabilité.

Cette équanimité est le centre où rayonne la pensée, en établissant un lien entre les mondes supérieur et inférieur. Ce premier corps permet de nous familiariser et d'apprivoiser toutes les qualités du soi qui peuvent être multipliées et produites.

Ce corps porte l'humilité, ce qui nous demande une retraite d'intériorisation pour équilibrer nos regrets et nos censures.

Le corps Alpha est associé au nombre 1, un concept d'unicité et d'individualité contenant tout et d'où tout découle. Le 1 surgit du néant en maintenant son silence ; il est la plénitude du vide du néant. À partir de 1 peut jaillir l'univers.

Puis, au fil de nos expériences émotionnelles et sentimentales nous bâtissons des jugements et des formes-pensées. Ces croyances éducatives, sociétales ou environnementales créent des demeures au sein de ce second corps.

C'est **le corps Bêta**, le sanctuaire des archétypes et l'espace pour recevoir la connaissance qui symbolise l'espace d'où rayonne la pensée créatrice. Ce corps focal est un temple intérieur intime, tel un foyer nourricier où résident la vie de famille, le couple. C'est aussi la matrice de la femme, car de son éducation découlent nos courants de pensée.

Le corps Bêta reconnaît la pensée créatrice et libère donc les tensions mentales pour reconnaître l'existence de la création qui témoigne de notre profonde attraction aux lois de la nature et de l'univers.

Le corps Bêta est représenté par le nombre 2, qui symbolise la dualité.

C'est l'extériorisation du corps Alpha qui, par son mouvement, fait apparaître la polarité, la source de toute multiplicité. Puis c'est le moment d'inviter l'origine de notre âme et les vies qui en ont découlé.

L'enseignement de nos vies antérieures compose notre troisième corps, **le corps Gamma**.

Il compense le déséquilibre entre deux forces opposées et les fusionne en une seule.

Il est employé comme un pont qui unit deux espaces. À ce titre, il est une puissance de bienveillance mais également un symbole de récompense. La racine du corps Gamma ouvre deux directions essentielles : celle de témoigner ou de rendre quelque chose à quelqu'un, et celle de faire mûrir. En d'autres termes, la récupération des souvenirs de nos vies antérieures permet d'apaiser notre propre karma ou celui qui est en lien avec les autres et d'y récupérer de nouveaux dons que notre vie actuelle doit faire fructifier. Le corps Gamma est associé au nombre 3, qui vient légiférer la relation d'unité et de dualité. Ainsi, thèse et antithèse sont réunies par la synthèse.

Le quatrième corps est **le corps Delta**, la porte du monde et la stabilité issue du corps Gamma. La pénétration dans la matière épaisse de la création produit un appauvrissement de la lumière. C'est la porte de la mise à nu pour vivre le grand détachement. Il nous permet de lâcher les vieux bagages pour nous épanouir au sein de notre réalisation et d'une création durable. Ce dépouillement, ou le fait de choisir de se dévêtir soi-même, permet un affranchissement des habitudes limitées ou du sérieux qui fige la joie de vivre.

Cette structure énergétique est une porte d'accès à la création de la terre, de l'air, du feu et de l'eau. Elle rythme les saisons, les jours et les années.

Elle est le point de floraison des centres énergétiques (chakras – séphiroth – khorlo). Ce corps contient l'ensemble des quatre premières structures énergétiques alpha, bêta, gamma et delta.

Le corps Delta porte le nombre 4. On peut également évoquer la tétraktys pythagoricienne :

• 1 – Le créateur

• • 2 – La matière

• • • 3 – La force vibratoire

• • • • 4 – La manifestation sensible

Le cinquième corps est **le corps Epsilon**, qui est le mode de communication entre les différents niveaux de l'âme. Son rôle est d'exprimer un cri de joie vers tout ce qui nous dépasse et nous terrifie.

C'est le corps de la spontanéité et de l'émanation de l'énergie divine. Ce cri de joie ou de triomphe exprime une libération du souffle. C'est un corps où se rejoignent le monde physique (ligne verticale) et le monde à venir (ligne horizontale). Il représente les trois principaux vêtements de l'âme : l'état d'équilibre (l'essence), la parole (la transcendance) et l'action (l'immanence).

Le corps Epsilon est associé au nombre 5, qui symbolise le centre et le moment présent.

Il est le souffle de vie, le porteur de semences nous permettant d'exprimer notre vitalité. C'est la vitalité des éléments mais c'est aussi l'illusion de la matérialité.

Le sixième corps est **le corps Zêta**, qui est le liant. Il sert de conjonction de coordination et représente tout ce qui réunit les choses entre elles, en unifiant comme le font la lumière et l'air. Il respire la création, l'union, la fécondation entraînant la vie. Il est une complète harmonie résultant d'une transformation et d'une persévérance.

C'est le corps de la jonction, de l'assemblage et de la connexion.

Il permet donc de créer, de fabriquer et de construire. Il est le corps permettant la communication entre les puissances célestes et terrestres. C'est aussi un rayon de lumière reliant les divers aspects de la création, en les unissant pour former un organisme dans lequel chaque partie dépend du lien qui la relie aux autres.

Le corps Zêta est associé au nombre 6, qui symbolise l'harmonie de la création. Ce nombre tend à restaurer sans cesse les relations et empêche la rupture afin d'entretenir l'harmonie et les relations. Il appelle à la transformation ou au changement d'individualité.

Le septième corps est **le corps Êta**, qui représente le discernement et le pouvoir du libre arbitre, accordant le choix de faire ou de ne pas faire.

Il invite à se prendre en charge et symbolise un combat intérieur, le choix des oppositions,

le but à atteindre et la forteresse à conquérir. Il est la constante entretenue entre l'homme et ses valeurs. C'est le corps source d'alimentation en énergie nourrissante.

Il est associé au nombre 7, qui symbolise les sept jours de la semaine. C'est l'accomplissement de l'espace et du temps, et de la réflexion après un cycle accompli.

Le huitième corps est **le corps Thêta**, qui désigne une barrière séparant l'intérieur et l'extérieur. Cette barrière a la propriété de marquer la séparation entre les choses de valeur et les choses saines. Ce corps est l'équilibre universel. C'est un réservoir d'énergie et de force vitale.

Il symbolise la culture, la nourriture, la réceptivité, l'énergie féminine, la frontière et, à la limite, la vie. C'est le grand réservoir de la vitalité.

Le corps Thêta est associé au nombre 8, celui du service divin par lequel on peut s'élever.

Le 8 est l'univers en mouvement et en transformation, équilibré par les lois naturelles.

Dans ce nombre, il y a une notion d'éternité future.

Le neuvième corps est **le corps Iota**. Il s'agit du seul corps d'où sont absents les centres énergétiques (chakras – khorlo – séphiroth). C'est le corps du changement d'état qui exprime la sécurité et le refuge, l'introspection et la quête spirituelle. C'est davantage un endroit protégé et résistant. Il est associé au nombre 9, qui annonce la fin et le recommencement. Il représente le repli sur soi en vue de provoquer l'éclair de l'intuition.

Le dixième corps est le **corps Kappa**, la valeur, la création du monde par la capacité d'agir, l'expression individuelle, l'interaction dans le monde des sens.

Le corps Kappa est associé au nombre 10, celui de la réalisation de l'unité, de la totalité de l'univers et des attributs divins. Le 10 est le symbole de la complète croissance des fondements actifs de la création. Son unité fusionnante ne peut être réalisée que par l'extension des quatre premiers corps et des quatre éléments: 1 + 2 + 3 + 4 = 10.

Le onzième corps est le **corps Lambda**, symbole d'accomplissement. C'est le corps de l'humilité montrant l'acceptation des épreuves et le couronnement de l'aboutissement du corps Kappa, lequel est la conséquence d'efforts mentaux et physiques et révèle la capacité de faire jaillir un potentiel. Il représente la force de la stabilité. Le corps Lambda est associé au nombre 20, qui symbolise également un réceptacle suffisamment solide pour s'éprouver, voire se mettre en danger, afin de recevoir.

C'est aussi le nombre manifestant la puissance du corps Kappa, dont la valeur développée est 10 + 6 + 4 = 20.

Le douzième corps est le **corps Mu**, qui désigne aussi le fait d'enseigner, d'apprendre, d'instruire. Ce corps indique un but vers lequel on doit aller, mais aussi la transition dans laquelle on se trouve avant d'aboutir à un état nouveau. Le fait que ce corps désigne l'étude nous enseigne que celle-ci doit être suivie d'actes montrant que ce que l'on a appris n'est pas une simple théorie sans fondement, mais tout au contraire un cœur qui comprend la Connaissance.

Ce corps fait passer d'un état passif à un état actif.

Il est associé au nombre 30, qui représente le parfait équilibre de l'agencement céleste, l'impulsion qui motivait le mouvement de l'ensemble des corps, dont la valeur est 30.

La différence entre les corps subtils et les corps d'encouragement

Les traditions tantrique et védique enseignent que l'univers s'est manifesté puis résorbé maintes et maintes fois au cours de grands cycles et de cycles sous-jacents se succédant sans fin.

Dans le documentaire *Cosmos*, l'astronome Carl Sagan parle ainsi de l'échelle du temps:

> « La cosmologie indienne donne la première échelle de temps s'accordant avec celle de la cosmologie scientifique et moderne. Nous savons que l'âge de la Terre est d'à peu près 4,6 milliards d'années et que celui du cosmos est de 10 ou 20 milliards d'années. La tradition hindoue parle d'un jour et d'une nuit de Brahma qui dureraient aux alentours de 8,4 milliards d'années. À ma connaissance, c'est la seule tradition religieuse ancienne, sur notre planète, qui ait une juste appréciation de l'échelle du temps. »

Il est communément admis que nous n'évoluons que depuis 3 102 ans avant Jésus-Christ.

La science de l'âme, *la psychologie*, reconnue aux prémices du XVIe siècle, a connu son plein essor au XXe siècle, alors qu'elle fut aussi accompagnée de grandes révélations sur notre patrimoine énergétique. Ces enseignements prodigieux ont été transmis dans une époque d'accalmie occidentale.

En effet, c'est à la sortie des régimes totalitaires et de deux guerres que deux courants sont nés, l'un étant la psychanalyse, l'autre le comportementalisme, suivi de la période de reconstruction physique et mentale. Puis, dès les années 1960 (du premier pas sur la Lune à la chute du mur de Berlin, aux révolutions politiques telles que les insurrections de la jeunesse étudiante, avril à Prague, mai en France, août aux États-Unis, octobre au Mexique), c'est

« l'ère des premières », la libération de la femme, la révolution numérique, et l'émergence de nouveaux paradigmes créant une ouverture dans l'inconscient collectif préparant les années 1980, qui ferment le temps de la contestation.

Démarre alors une période inflationniste et de capitalisme aigu, et c'est à cette période, au plus près de nous, que des enseignants spirituels transmettent leurs connaissances et leurs enseignements sur l'homme énergétique.

Ce rappel historique rapide permet de mettre en lumière les différentes étapes dimensionnelles récentes, ayant ainsi marqué nos archétypes* et nos structures énergétiques.

LES ARCHÉTYPES DU XXIe SIÈCLE

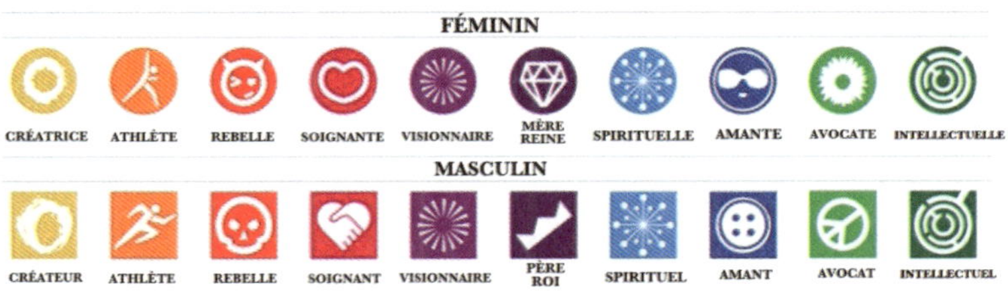

Les sept corps subtils physique, éthérique, astral, mental, causal, bouddhique et atmique circulent en temps dimensionnel alors que les corps d'encouragement, quant à eux, circulent en temps multidimensionnel.

---

* Un archétype (psychologie analytique) désigne une structure psychique, un symbole universel qui sert de modèle idéal à un groupe de représentations masculine et féminine. Un concept élaboré par Carl Gustav Jung (1875-1961). Mais cette notion apparaît d'abord par les présocratiques, qui mettent en avant des principes constitutifs des phénomènes. Il s'agit donc de la théorie des idées platoniciennes, que le philosophe Plotin, fondateur de l'école néoplatonicienne de Rome, reprend et développe, et qui ont grandement inspiré Jung.

- La première dimension est la valeur physique, quand l'ego se prend pour l'auteur de l'action – se lier, imiter, choisir, s'identifier ou se désidentifier, vouloir, croire, imaginer, dénier, lâcher prise, écouter et s'aligner. Elle correspond aux forces et au mouvement qui président à la formation de la matière, soit l'atome. C'est l'émergence de l'individualisation.

- La deuxième dimension est la valeur éthérique, le principe de croissance et de transformation. Le principe de déclenchement, d'adaptation, de préparation, de synchronicité, d'émergence de la nouveauté. Elle correspond au mouvement de l'atome, à l'énergie et aux forces gravitationnelles, ainsi qu'aux forces électromagnétiques. C'est l'émergence de la conscience collective.

- La troisième dimension est la valeur astrale basée sur les étapes de l'affect – l'observation, l'évaluation, l'intuition, le ressenti, le raisonnement, l'émotion, les sentiments. Elle correspond au processus de densification physique associé au ressenti émotionnel et à l'intelligence rationnelle, qui est le produit de la conscience.

- La quatrième dimension est la valeur mentale – la mémoire, l'habitude, les schémas et les sénaris décomplexés en accord avec les éléments :

  La stabilité (terre) *dans la terre*. La fluidité (eau) *dans la terre*. L'affirmation (feu) *dans la terre*.

  Le ressenti (l'air) *dans la terre*. La créativité (Akasha) *dans la terre* et l'entendement *avec la Terre*.

  Les facultés de l'esprit liées à la supraconscience permettent les aspirations et les mouvements de l'âme.

C'est la pleine notion de la responsabilité et de l'équilibre.

- La cinquième dimension est la valeur causale qui se conforme aux cycles cosmiques. La séparation engendrée par la dualité a laissé place à la complétude de l'être.

- La sixième dimension, bouddhique, est une connexion intense avec le cosmos ainsi qu'une connexion vers les dimensions inférieures pour aider les autres.

- La septième dimension, atmique, est l'expansion dans l'instant présent.

Les corps d'encouragement, quant à eux, vivent dans la multidimensionnalité, en temps éternel. Contrairement à la charge réactionnelle des corps subtils, ces corps d'encouragement permettent de percevoir le passé comme une histoire sans charge émotionnelle et le futur, comme une occasion à être façonnée à partir de choix.

Ce sont donc les « choix » qui remplacent les « réactions », ce qui nous apporte une plus grande autonomie.

Pour nous aider dans cette aventure, nous avons à notre disposition la loi d'attraction :

Il te sera donné ce sur quoi tu poses ton attention.

Nos besoins fondamentaux sont ainsi exaucés, tels nos besoins physiologiques (manger, boire, dormir, respirer), nos besoins de sécurité (du corps, de l'emploi, de la santé et de la propriété), nos besoins sociaux (l'amour, l'amitié, l'appartenance, l'intimité), nos besoins d'estime (la confiance, le respect des autres et l'estime personnelle), ainsi que nos besoins d'accomplissement personnel.

Nous pénétrons alors dans le langage quantique par le prisme du cosmos. Nos corps d'encouragement sécrètent des expériences extraordinaires au cœur du psychisme humain.

Nos atouts parapsychologiques démodent notre intuition et notre instinct !

Je plaisante, quoique… la connaissance de nos vies antérieures et la récupération de l'ensemble de nos dons manifestés sur Terre et ailleurs composent des souvenirs qui permettent à la télépathie, à la clairvoyance ou à la précognition de devenir des outils inévitables. Nous intégrons ainsi nos qualités biologiques et psychiques au sein d'un système ouvert et non d'un agrégat de dogmes et de croyances.

Cette nouvelle conscience est la base du Nouveau Monde, en accord avec les autres pour accompagner notre humanité. C'est une communauté de coopération et de cocréation pour nous rappeler comment être dans ce monde et pas uniquement « de » ce monde.

Les vertus des corps d'encouragement

En vivant dans notre corps physique avec la conscience des corps d'encouragement, nous entrons dans la multidimensionnalité. Le corps physique devient alors une passerelle entre la Terre et le cosmos. Nos capacités cognitives (mémoire, aphasie, praxie, gnosie et nos fonctions exécutives) sont la pointe de l'iceberg d'un patrimoine vibratoire vertigineux, puisque notre corps physique est devenu la carte de renseignement de ce que nous vivons sentimentalement, émotionnellement et spirituellement. Nos corps d'encouragement, quant à eux, nous transmettent ce que la Terre se prépare à vivre. Ils sont issus de trois valeurs, les valeurs intrahumaines, transhumaines, et cosmiques.

Les valeurs intrahumaines proviennent de la sensibilité du règne végétal et des profondeurs du monde minéral. Cette « cité cristal » amène l'ego à se refléter dans la lumière du monde des gemmes et voit ainsi comment il peut s'enfermer dans un système en devenant parfois même matière. Le monde minéral nous transmet des valeurs biologiques et des nourritures sonores, et son enseignement est un royaume intérieur et extérieur dont le secret détient le pouvoir d'attraction. Ce voyage unique au centre de la Terre emprunte les routes minéralogiques passionnantes de connaissance et de savoir qui permettent à l'être humain de retrouver ses qualités lumineuses.

Le cristal est la lumière, la connaissance est son joyau. Nous pouvons peut-être trouver dans ce monde minéral, et donc cristal, la connaissance nécessaire pour mettre en évidence des points fondamentaux dans la construction de notre identité terrestre.

Chaque corps d'encouragement utilise les nouveaux centres énergétiques pour explorer l'intériorisation des sens, ce qui consiste à diriger l'attention vers l'intérieur, plus précisément vers la manière dont le corps d'encouragement réagit à cette activité sensorielle.

Cette intériorisation des cinq sens l'odorat, le goût, la vue, le toucher et l'ouïe prépare à l'autonomie.

L'ouïe : À mesure que cette sensibilité se développe, il devient possible d'entendre le son par la peau.

Le toucher : Lorsque le corps entend les vibrations du son, le sens du toucher s'affine et nous devenons plus conscients de nos sensations et du ressenti éprouvés dans nos corps d'encouragement, qui nous transmettent leur pouvoir, leur aide et leur soutien.

La vue : Les yeux, l'organe du Saut du Lion, peuvent exprimer par une nouvelle ardeur dans le regard, grâce à la chaleur, l'amour et l'enthousiasme transmis par ce nouveau centre énergétique.

Le goût : La langue est ce récepteur qui offre le goût doux (*terre + eau*), aigre (*terre + feu*), salé (*eau + feu*), amer (*air + eau*), piquant (*air + feu*) et astringent (*air + terre*).

L'odorat :– Notre rythme respiratoire à quatre temps permet d'avoir une intuition plus précise. Pendant les périodes calmes des immenses cycles cosmiques, l'ego de l'univers entier se tient alors en état de « lâcher prise », plongé dans un trou noir. Cet état de repos renforce notre potentiel et révèle notre indépendance, les fonctions essentielles de nos corps d'encouragement.

La quintessence des sens est une expression de la conscience quantique. Ce modèle hybride des valeurs des corps d'encouragement offre des étapes de manifestations intrahumaines par l'émergence progressive du son : le son statique (*la quiétude primordiale*), le son lumineux (*l'intelligence cosmique*), le son illuminé (*le murmure*) et le son audible (*l'explosion cosmique*). Le but est de nous aider à choisir notre voix et nos mots.

La gamme musicale de 12 tons permet de créer de multiples mélodies pour faire éclore sur Terre les sentiments intrahumains ou nous élever aux valeurs transhumaines. La gamme des 22 tons, plus continue, permet de fondre une note dans l'autre et de former ainsi de magnifiques guirlandes sonores. La fusion d'une note dans la suivante permet d'entrer dans un état modifié de conscience. Cette gamme explore plus profondément les affects et constitue un art particulièrement délicat et créatif de nos valeurs cosmiques.

Les valeurs transhumaines : *l'émergence de l'homme humaniste et énergétique*

La flexibilité : Notre fluidité, c'est l'eau dans l'intuition pour calmer notre soif de volonté. En nous offrant un jeûne de notre personnalité contrôlante, nous permettons une plus grande souplesse au sein de notre environnement et de notre relation aux autres. Notre communication devient évolutive et compatissante. La fonction motrice de l'instinct est de produire la puissance nécessaire pour écarter la grande frayeur, les chemins glissants et les parcours qui mettent en danger notre pleine santé intérieure et extérieure.

Cette force déployée consume une énergie importante face à l'énergie dont a besoin l'intuition. Plus subtile et non polarisée sur le risque, elle n'évite pas les dangers ; elle les anticipe.

Lorsque notre partie primitive est libérée de ses contraintes telles que les sentiments (colère, agressivité, jalousie, haine) et que ses souvenirs ont cicatrisé, l'instinct contribue à renforcer une stabilité intérieure tout en offrant un état d'alerte qui permettra aux prochains signaux émis d'innover des solutions lumineuses.

Quant à l'intuition, lorsqu'elle a transformé l'ego en un outil d'inventivité renforcé par le courage de réaliser ses idées, elle marque le grand rassemblement intérieur. Elle va chercher l'instinct pour donner naissance à une identité nouvelle : l'identité vibratoire. Ce mariage offre une fréquence jusqu'à ce jour réservée aux initiés.

L'association de l'instinct primitif et de l'intuition lumineuse permet un regard différent et, par conséquent, une vie différente. Elle privilégie une distance nécessaire pour vivre un état égalitaire entre nos besoins et nos acquis.

En partant de ce prisme, notre victoire devient réelle.

Nous légitimons nos manques et rendons indispensable la fréquence de réalisation.

En découvrant notre nouvelle fréquence et notre nouvelle vibration, nous devenons les acteurs majeurs d'une nouvelle existence à mener.

Les valeurs cosmiques: *l'émancipation de nos dons universels*

L'écosystème est formé d'une communauté planétaire en interrelation. Les valeurs des corps d'encouragement sont des vertus de coexistence universelle. La loi atmosphérique permet à notre planète d'être en état de lévitation et offre à nos conditionnements d'être pour un temps en apesanteur! Ce flottement de nos idéaux mandate le cosmos à faire germer des visions.

Nous recevons alors les prémices de nos dons paranormaux, les dons de divination, les dons karmiques, les dons mentaux (l'empathie, la télépathie, la télékinésie) et les dons énergétiques. Ces dons de contemporanéité soulagent, stimulent et transmettent la vie multidimensionnelle au sein d'un quotidien serein.

L'identité vibratoire

Nous avons déjà fait l'expérience de toute l'humanité.
– Le dalaï-lama

Notre patrimoine physique et psychique constitue une base d'information génétique. Cet ADN permet de comprendre facilement nos interactions avec l'environnement. Depuis sept millions d'années, Toumaï, le doyen de notre humanité, a coprocréé plus de 70 milliards d'humains. Les mécanismes identitaires de génération en génération ont créé un patrimoine sans frontières : la personnalité. Et c'est de son déséquilibre qu'est née l'identité vibratoire, une identité spirituelle interdépendante. Les expériences de notre quotidien s'incarnent dans des sentiments, des comportements, des attitudes ou des pensées propres à chacun de nous. Ces expériences familiales, amicales, amoureuses, professionnelles ou sociales vont créer une interaction que notre corps, nos centres énergétiques et nos corps d'encouragement éprouveront. C'est donc l'ensemble de ces structures réunies en une seule qui permet de maintenir en équilibre la personnalité. Notre personnalité bénéficie alors des qualités énergétiques dans notre quotidien, nos alertes intérieures que sont l'instinct et l'intuition empêchent la répétition de nos schémas et permettent à notre corps de rester calme malgré l'agitation mentale que peut soulever certaines expériences. Comme si une sagesse plus profonde que celle de notre intellect permettait de discerner ce qui était réellement bon ou mauvais pour nous.

Cette identité cohérente est l'interface entre la mémoire du ciel et le corps. C'est dans cette présence d'énergie cosmique et vibratoire que l'homme apprend à vivre son autonomie spirituelle. Cette expansion donne accès à des expériences métaphysiques au plus près de nos qualités parapsychologiques.

En effet, la version énergétique de nous-mêmes qui œuvre concrètement dans la vie associe nos valeurs naturelles (l'instinct, l'intuition, la perception, l'imprégnation, les sens unifiés) à nos qualités fondamentales (la sagesse et la connaissance, le courage, l'amour de l'humanité, la justice, la tempérance et la spiritualité). Cette association nous apporte des ressources immédiates qui, enfin reconnues, nous relient entièrement à tout instant dans tout ce que nous donnons. Pour nous y préparer, un état des lieux est nécessaire. Nous prendrons le raccourci de Martin Seligman qui, dans son livre *Le Bonheur authentique*, introduit parfaitement la base de cette expérience. Ce rapide test de l'échelle de votre satisfaction permet d'identifier les ressources psychologiques nécessaires à votre épanouissement personnel. Nous verrons par la suite comment les cultiver. Puis nous testerons la présence de votre identité vibratoire pour enrichir votre vie de ressources fondamentales.

Test : Notez chacun des énoncés qui suivent selon une échelle de 1 à 7, 1 indiquant que vous n'êtes absolument pas d'accord avec l'énoncé et 7 indiquant votre total accord.

1. Sur presque tous les plans, ma vie se rapproche de mon idéal.

2. Mes conditions de vie sont excellentes.

3. Je suis tout à fait satisfait de ma vie.

4. Jusqu'à maintenant, j'ai obtenu ce qui m'importe le plus dans la vie.

5. Si je pouvais revivre ma vie, je n'y changerais rien.

Votre total de points est de :

Interprétation du test

5 à 9	Grande insatisfaction concernant votre vie, bien en dessous de la moyenne.
10 à 14	Insatisfaction nettement sous la moyenne.
15 à 19	Insatisfaction légère, un peu sous la moyenne.
20 à 24	Satisfaction modérée qui correspond à la moyenne.
25 à 29	Bonne satisfaction, au-dessus de la moyenne.
30 à 35	Grande satisfaction, au-dessus de la moyenne.

Puis, entourez ci-dessous ce qui est déjà présent dans votre quotidien et perçu par les autres.

La créativité	La curiosité	L'ouverture d'esprit
Le plaisir d'apprendre	Le discernement	L'authenticité et l'honnêteté
La vaillance	La persévérance	L'enthousiasme
L'amour	L'intelligence émotionnelle	La flexibilité
La loyauté	Le pardon	La compassion
L'humilité	La patience	La douceur
La bienveillance	La gratitude	L'espérance
L'humour	La spiritualité	La gentillesse

Ce que vous avez entouré concerne vos ressources naturelles. Ce qui reste, ce sont les ingrédients à cultiver au quotidien pour enrichir votre satisfaction personnelle. Cet outil permet de faire un constat immédiat des ressources nécessaires pour entretenir votre bonheur.

Poursuivons maintenant avec les ressources transpersonnelles. Ce test que j'ai créé permet de constater la relation que vous entretenez avec votre âme.

Test : Notez chacun des énoncés qui suivent selon une échelle de 1 à 7, 1 indiquant que vous ne vivez pas du tout l'énoncé dans votre vie et 7 indiquant que vous vivez totalement l'énoncé dans votre quotidien.

1. Je suis ouvert sur le monde.
2. Je mets du sens dans mes actions.
3. Je suis indépendant et autonome.
4. Je suis en lien avec mon environnement (familial, amical, végétal, animal, minéral).
5. Je sais valoriser mes dépendances affectives, mes défauts et mes schémas répétitifs.
6. Je suis ce que j'ai toujours rêvé d'être.

Votre total de points est de :

Interprétation du test

0 à 9	Grande absence de l'identité vibratoire, bien en dessous de la moyenne.
10 à 14	Absence de l'identité vibratoire, nettement sous la moyenne.
15 à 19	Absence légère de l'identité vibratoire, un peu sous la moyenne.
20 à 24	Présence modérée de l'identité vibratoire, correspond à la moyenne.
25 à 29	Bonne présence de l'identité vibratoire, au-dessus de la moyenne.
30 à 42	Grande présence de l'identité vibratoire, au-dessus de la moyenne.

Puis, entourez ci-dessous ce que vous pratiquez dans votre quotidien.

La créativité	L'amour inconditionnel	Le dialogue intérieur
Les pratiques énergétiques	La quête de sens	L'intelligence émotionnelle
Le plaisir d'être soi	La vulnérabilité	La compassion
La sexualité sacrée	La co-création	La transmission
L'écoute de l'instinct, de l'intuition	L'esprit coopératif – associatif	Le choix de son humeur
L'adaptabilité/ la flexibilité	L'observation	L'interprétation des rêves
L'hypersociabilité	La valorisation des défauts	La communication animale et végétale
L'humour	L'hyperconscience	La gratitude

Ce que vous avez entouré représente les ressources vibratoires que vous avez acquises. Ces valeurs enrichissent la présence de votre âme au cœur de votre vie. Ce qui reste, ce sont les ingrédients à cultiver au quotidien pour enrichir votre relation transpersonnelle. Cet outil permet de faire un constat immédiat de liens à entretenir pour développer la présence de votre identité vibratoire.

Ce QR code vous plonge dans une expérience de lecture enrichie et vous permet de pratiquer ces énergies du futur! Cette formation énergétique en ligne est composée de 17 modules d'exercices, de visualisations et de méditations personnalisées pour devenir l'acteur de votre vie et mieux vous épanouir.

ÉTAPE 3 :
L’autonomie spirituelle

La vision autochtone

Les pronostics environnementaux et sociologiques laissent présager une humanité en difficulté si nous n'activons pas dès maintenant des actions révolutionnaires. Les transformations probables de notre monde : entre l'avenir démographique (*nous sommes plus de 7 milliards aujourd'hui ; en 2050, nous serons 9,5 milliards, dont un milliard de plus en Chine et en Inde. L'Afrique va passer de 1 milliard d'habitants à 2, dont un milliard aura moins de 18 ans. Engendrant des mutations comme pour le Nigéria, qui aura plus d'habitants qu'aux États-Unis, ces perspectives montrent une population plus vieillissante l'espérance de vie augmente de trois mois par année, plus d'hommes que de femmes, une population urbaine aux deux tiers, et un déplacement continental d'un milliard de personnes–*), le progrès numérique (*les mégadonnées, la technologie, les traitements parallèles, la génétique, les nanotechnologies, les neurosciences, et la biotechnologie ou l'artefact*), et le climat (*l'augmentation de la température et ses conséquences sur le niveau de la mer et la survie des biosphères, le stress hydrique*), si ces tendances se confirment, notre avenir sera profondément transformé. (Source : *World Population Prospects*, Nations unies, 2017.)

Alors, j'ai eu la curiosité de demander à l'*Âme universelle* qui est à l'origine de ce livre et qui nous a transmis l'ensemble de son contenu, quels comportements et quelles actions nous pourrions incarner pour nous épargner de vivre ces défis cataclysmiques. À ma grande surprise, la réponse était la vision autochtone! J'ai choisi de clore ce livre par le *channeling* qui suit, car il résume parfaitement la troisième étape : l'autonomie spirituelle.

Channeling transmis à la fin février 2018.

Les traditions terrestres ont formaté des concepts de conscience où la réalisation du Soi est la clé du développement intérieur vers une action extérieure. Ainsi, l'humain s'est aventuré dans un cheminement où les guerres intérieures ont créé des références bâties sur des manques obsessionnels.

Ces concepts ont formé des états émotionnels récurrents, qui, encouragés par sept milliards d'humains, deviennent des modèles archétypaux que votre société incarne tous les jours. Or, le projet de l'humanité est tout autre, à l'image des « peuples premiers », qui partageaient librement l'esprit de la nature et celui du peuple animal. Mais la race humaine au travers de sa destinée va mobiliser des efforts pour posséder un lieu ou un être. Toutes ces actions produisent une énergie qui favorise une dépendance affective, financière et spirituelle. Le projet de l'humanité est de retrouver le commencement, que nous pouvons définir ainsi : redevenir un peuple autochtone en vivant dans la liberté d'être associé au mouvement de la Terre, au timing de la Terre, et reconsidérer les règnes minéral, animal, végétal et humain. Ainsi, l'être peut se dire qu'il est un invité d'honneur dans ce monde qu'il a à honorer. Observez ceci : plus l'éveil de conscience fleurit dans les esprits humains, plus l'obscurantisme, l'accès à la victimisa-

tion, l'esclavagisme, l'iniquité se creusent! Ce déséquilibre environnemental, sentimental et émotionnel devient le reflet de son épuisement, à l'image de l'écosystème actuel.

En s'échappant du souci de l'acquisition, l'être devient un observateur. Ce faisant, il porte le rôle et les conséquences d'un phénomène de recul qui lui permettent de ne pas agir avec impulsivité, dans l'écho de la souffrance du moment. Cette relativité permet à l'être de féconder une forme de compréhension, d'analyse profonde de la résonance de l'autre ou de son envie de faire et de créer. De la sorte, il peut vivre en communauté pour améliorer sa destinée.

Son équilibre de vie épouse spontanément le temps de l'humanité, les cycles de l'humanité, et cela condamne le temps à n'être vécu que comme un réducteur de vie. Or, la vie ne dure pas quatre-vingts ans; elle prend en considération la naissance de l'âme jusqu'à son départ. Ainsi, vous comprendrez que vous portez vos cycles répétitifs dans cette humanité. En vivant en milliards d'années, vous n'agressez plus vos cellules en les obligeant à vivre un temps donné, vous n'agressez plus vos formes-pensées car vous avez interprété, joué, vécu tous les rôles de toutes vos vies. Vous êtes en circulation libre dans cette humanité. Et le projet de votre humanité est de reconsidérer la brutalité en vous. En reconnaissant cette matière brute en vous, vous n'êtes plus un mur qui tente de retenir tout ce que vous portez en vous: la honte, les regrets, les traîtrises. Vous abattez ces cloisons et ces raisonnements pour permettre une plus grande fluidité dans votre espace-temps et dans votre relation aux autres. Si vous n'avez pas été mère et père dans cette vie, vous l'avez été de nombreuses fois dans d'autres vies, vous avez été frère, *sœur, époux et épouse de votre propre époux, de votre propre enfant dans beaucoup d'autres humanités. Ne vous attardez donc pas et ne vous attachez pas à des lois terrestres archaïques. Un père peut renouveler son approche éducative avec son enfant car, à partir du moment où il se renseigne sur sa vie karmique, il comprend la mémoire de son comportement de père ; et c'est la même chose pour une mère. Dès lors, la relation parent-enfant change car votre enfant fut peut-être votre père dans votre ancienne vie, ce qui renvoie votre enfant et votre éducation à une remise à niveau, à considérer le fait que ce petit être est un ancien adulte, un ancien vieillard. Et vos réactions sont alors différentes. Prenons la notion d'amour et son besoin d'appartenance ; la manière terrestre d'aimer saisit l'autre comme la représentation vivante de nos dépendances, de nos blessures, ce qui engendre la peur de la solitude ou un mimétisme générationnel. En retrouvant cette énergie autochtone communautaire, vous retrouvez ainsi une forme de liberté acquise dans votre patrimoine culturel et karmique. Le projet de la Terre est simple et votre projet karmique l'est aussi ; ils vont communément dans la même direction, le même souhait, qui est de produire de l'énergie entre le peuple vivant et l'énergie cosmique.*

Cette production d'énergie à deux favorise un adoucissement du temps, pour ne plus courir après lui. En imposant un temps, vous formatez votre corps afin qu'il vive dans la durée, et la durée de vos relations se transforme, la durée de votre vie sur Terre se métamorphose. En ayant le courage d'être vous-même, vous acceptez vos ombres et vos lumières, vous permettez à votre corps de manifester un nouveau terrain de jeu. Vous êtes aussi épuisé que les ressources planétaires. Alors, aujourd'hui nous vous le disons : si vous reconsidérez toutes vos ressources et vos richesses psychiques, énergétiques et spirituelles, plus rien ne sera impossible.

L'absence d'estime de soi, de confiance en soi est résolue, car le projet de l'humanité est de vivre en communauté. Si vous n'avez pas en vous un ingrédient, l'autre l'a, et il peut le mettre à contribution, car vous portez une ressource que l'autre n'a pas, et tant que chacun n'aura pas reconnu tout son patrimoine de ressources, il y aura une différence entre les uns et les autres. Le projet de votre humanité est de vous rallier ensemble jusqu'à ce que vous soyez tous dans un état égalitaire où les prérequis sont la confiance personnelle et l'aboutissement personnel. En arrivant là tous ensemble, vous formerez une communauté. Vous répondrez au karma de votre humanité.

Une pause est nécessaire en cette humanité, une reconsidération globale qui est la transition actuelle pour recevoir une pluie lumineuse d'amour, soit le projet du cosmos. Le projet du cosmos est de vous associer. Tentez d'imaginer ce qui suit : l'homme libre s'est associé à un monde libre et ils ont ensemble cocréé une humanité de non-appartenance, de liberté, d'accessibilité de la globalité de leurs talents mis à contribution pour que cette planète simplement vive.

En partant de ce principe, vous permettez à chacun des humains d'être un canal d'action et non plus de réaction. Imaginez si chacun vivait des ressources de sa passion ! Le bien-être social et sociétal serait résolu. Et pourquoi n'envisagez-vous pas une journée par semaine de contribution à votre pays, à votre continent ? Six jours rémunérés par votre passion et un jour offert à votre pays pour former, donner, transmettre ou remplacer celui qui assume les pires travaux nécessaires au bien-être de votre quotidien.

Une journée de don pur, d'humilité, d'échange et de satisfaction.

À l'heure actuelle, l'humanité est dans l'action et la réaction liées à l'attraction entre le corps physique et les corps subtils. En incarnant vos corps d'encouragement, vous quittez ce monde d'action-réaction pour entrer dans un nouvel espace qui est l'avenir du développement personnel, l'avenir du féminin sacré, de l'association du féminin sacré et du masculin sacré. En effet, les hommes ont aujourd'hui eux aussi besoin d'être reconsidérés car toutes leurs menaces, toutes leurs réactions blessantes et humiliantes ont créé un karma de honte et de tradition de la honte. Eux aussi, comme le féminin sacré, veulent retrouver de la dignité dans leur masculinité sacrée et c'est lorsque vous sortirez du féminin sacré et du masculin sacré que l'alliance s'incarnera et que l'équité sera enfin une base de votre humanité.

Ainsi, toutes les formules archaïques seront modifiées, la loi d'attachement deviendra la loi d'attraction, la loi de la ségrégation deviendra la loi de la manifestation. Le mariage entre êtres vivants deviendra une alliance entre âmes vivantes et ainsi vous partagerez une humanité simple avec d'autres richesses, vous deviendrez des gens libres, et la liberté attirera le cosmos et le cosmos intègrera la liberté humaine. Et le projet du cosmos est de vous associer au monde interstellaire, de recevoir ses richesses et ses connaissances, de composer avec votre destin alchimique.

Les nouveaux centres énergétiques sont présents actuellement pour vous aider à transformer votre blessure en franchise. Ils viennent vous informer cellulairement que l'être humain peut s'ouvrir à une autre dimension de lui-même.

Vous avez tous la capacité de vivre dans la multidimensionnalité maintenant, d'être des canaux et de recevoir tous vos dons parapsychologiques. Toutes et tous, vous avez le talent de vous autotraiter et de vous autoreconsidérer. En partant de cette formule d'autonomie psychologique, énergétique, vous permettez de vous associer à l'autonomie spirituelle.

Si vous ne reconsidérez pas votre place au sein de votre société, de votre économie locale, vous continuerez de vous agresser, de vous insatisfaire, vous privilégierez encore un état de victimisation partielle.

En réalité, votre planète est autonome et ses sujets, les humains, sont dépendants. En accueillant votre indépendance émotionnelle et sentimentale, vous garantissez à votre vie de produire de l'énergie, de la ressource, et vous devenez vous-même un investissement. Nous vous disons ceci : il est temps de miser sur vous, de miser sur votre patrimoine énergétique et psychique. Ne misez plus sur des affaires, ne misez plus sur les uns et les autres, ne misez plus sur votre époux ou votre épouse, ou sur vos enfants. Misez sur vous, un capital garanti, car vos valeurs sont celles que vous vous administrez. Un second livre sera prochainement transmis, dont le titre sera « La vision de l'alliance », une nouvelle destination pour résoudre le karma universel et reconsidérer la quête de l'humanité et les révélations du cosmos l'Âme universelle.

Personne ne connaît l'avenir de notre humanité mais nous savons que nos décisions influencent le cours de la vie humaine. En tant qu'humains, nous savons aujourd'hui que notre regard sur la vie influence l'éducation de nos enfants et de nos relations. Nous pouvons tous apprendre l'autonomie psychique pour refuser de vivre dans notre passé et ne plus subir le refus de soi.

Nous pouvons maintenant reconnaître que chacun d'entre nous à un impact qui change la donne de notre planète. Afin de refuser la sixième extinction de notre biodiversité, notre indulgente résilience fabrique déjà notre légende personnelle. Car notre destinée, celle que l'on a créée au fil de nos envies, nous murmure déjà : « *Ils croiront en moi parce que je montrerai que je crois en eux et en moi-même.* »

L'autonomie spirituelle est un axe qui tend a manifester un grand mouvement citoyen dans le monde.

Aujourd'hui 20 % de la population vit autrement et peut faire basculer la totalité. La bonne humeur de notre écosystème dépend de nous. Je reste convaincue que la moitié de notre bien-être est liée à notre autonomie psychique et à la pratique de l'autonomie énergétique, et que la moitié restante est liée à notre capacité à donner un sens à notre existence pour bien vivre ensemble.

L'autonomie spirituelle vous permet alors de vivre profondément pour ne pas gaspiller votre existence. C'est le cœur de votre conscience.

Remerciements

À mon fils, *Sacha*, à qui je souhaite une vie citoyenne inspirée. À mon irrésistible époux, *Frédéric Yana*, le plus puissant choix amoureux de ma vie. À mes fabuleux parents, *Jill et Gilles Andrieu*, et à ma délicieuse famille. À mon inspirant parrain, Pierre Rabhi, et à mon pygmalion, Guy Corneau, *qui danse certainement dans la lumière*! À mes précieuses Elisabeth Khun, Mathilde Bargibant et Catherine Maillard. À mon éditeur, Marc Vallée. Je serre contre mon cœur tous les intervenants et spectateurs de nos vertigineuses journées Women In Action. Et enfin, je remercie l'Âme universelle et Marie Madeleine pour la beauté de leurs enseignements.